Bravo l'artiste et merci !
Un hymne à l'Amour, au sexe et à la tendresse de deux êtres
qui se donnent corps et âmes.

*un lecteur, **www.amazon.fr***

Du même auteur, aux Éditions Leduc.s

L'homme (nouveau) expliqué aux femmes, Leduc.s Éditions.
Les secrets de la jouissance au féminin, Leduc.s Éditions.
Le guide des couples heureux, Leduc.s Éditions.
L'art de bien faire l'amour, Leduc.s Éditions.
Comment le faire jouir de plaisir et vice versa, Leduc.s Éditions.
L'art de la fellation, l'art du cunnilingus, Leduc.s Éditions.
La caresse de Vénus, Leduc.s Éditions.
De la peur à l'amour, J'ai Lu.
L'intimité et le couple, J'ai Lu.
Sexualité, la voie sacrée, Albin Michel.
Écologie de l'amour, J'ai Lu.
Le traité des caresses, Flammarion.
L'art de bien dormir à deux, Albin Michel.
Le traité du désir, J'ai Lu.
La fidélité et le couple, J'ai Lu.

Retrouvez nos prochaines parutions, les ouvrages du catalogue et les événements à ne pas rater sur notre site Internet. Vous pourrez également lire des extraits de tous nos livres, recevoir notre lettre d'information et acheter directement les livres qui vous intéressent, en papier et en numérique!

À bientôt sur www.editionsleduc.com

Découvrez également toujours plus d'astuces et de bons conseils malins sur: **www.quotidienmalin.com** et **www.facebook.com/ QuotidienMalin.**

Collection dirigée par Patricia Delahaie

© 2007 LEDUC.S Éditions
Neuvième impression (septembre 2013)
17, rue du Regard
75006 Paris – France
E-mail : info@editionsleduc.com
ISBN : 9-782-84899-145-0

Quotidien Malin est une marque des éditions Leduc.s

GÉRARD LELEU

COMMENT LE RENDRE FOU (DE VOUS)

QUOTIDIEN MALIN
ÉDITIONS

SOMMAIRE

Avant-Propos 7

Introduction. Ce qu'ils attendent........................ 9

Chapitre I. L'homme et les caresses 15

Chapitre II. Fabuleux itinéraires à travers la peau 25

Chapitre III. Les caresses alentour 53

Chapitre IV. Le pénis : un chef-d'œuvre 67

Chapitre V. Comment caresser le pénis........ 75

Chapitre VI. Le baiser pénien (ou fellation) 91

Chapitre VII. Pénis et vagin : rencontre du 5e type 107

Chapitre VIII. Positions et mouvements......... 133

Chapitre IX. Le septième ciel au masculin 153

Chapitre X. La panne d'érection : comprendre et aider l'homme ... 167

Chapitre X. L'éjaculation prématurée 179

Chapitre XII. La flamme du désir.................... 189

Chapitre XIII. La parole est d'or 201

Conclusion 207

Table des matières... 211

Avant-Propos

Sans doute Mesdames êtes-vous de bonnes amantes mais, dites-moi, n'avez-vous pas rêvé d'être meilleures encore, voire parfaites afin de combler l'homme que vous aimez et d'en faire le plus heureux du monde ? Ce qui vous en empêche, c'est l'homme lui-même en ce qu'il reste quelque peu secret : il ne s'autorise pas à exprimer ses émotions – son plaisir, son contentement, son amour, sa gratitude – et répugne à demander ce qu'il aime et attend – telles caresses, tel geste, etc.

Ce qui vous bloque aussi, c'est ce qui reste en vous de ces siècles noirs où le mâle vous interdisait tout plaisir et toute initiative ; il vous voulait, par mâlepeur, neutre et passive. Il vous faut du temps pour sortir des interdits et acquérir la liberté et la science des « préceptrices du sexe » qui enseignaient l'érotisme aux princes et aux peuples d'Extrême-Orient.

Et puis, de même que l'homme ne connaît pas la physiologie de la femme, vous les femmes vous ne pouvez deviner la physiologie du sexe que vous n'avez pas.

Dans ce traité je vais lever le voile qui masque les mystères de l'homme, vous faire entrer dans les coulisses de la masculinité, vous montrer comment ça fonctionne, un mâle, ce qu'il aime, ce à quoi il aspire, les baisers et les caresses qu'il préfère, les points érotiques qui lui font perdre la tête, les positions et les mouvements qui le rendent fou, tout ce qui peut l'envoyer au septième ciel.

Alors au comble du bonheur cet homme vous adorera et s'attachera à vous pour l'éternité. Et vous vivrez tous deux dans l'harmonie et la félicité.

Cet ouvrage est constitué des meilleures pages érotiques de mon livre *L'homme (nouveau) expliqué aux femmes* et de pages nouvelles.

Introduction

CE QU'ILS ATTENDENT

L'homme en a assez d'être seul actif, d'avoir tout à faire, à prendre toutes les initiatives, à mener tous les ébats. C'est anxiogène, c'est épuisant. Il aimerait lui aussi pouvoir s'abandonner. Il veut en finir avec cette conception occidentale selon laquelle la femme doit être passive, n'a rien à faire, tandis que l'homme est le seul responsable des plaisirs, tout reposant finalement, sur sa capacité érectile. Bien entendu, la femme n'est pas coupable de son inertie, ce sont les hommes des temps passés qui lui avaient imposé l'immobilité et interdit la volupté : « Une femme honnête n'a pas de plaisir. » Bouger, jouir, crier, c'était bon pour les putains.

Beaucoup de femmes encore n'osent pas faire un geste vers l'homme par peur de passer pour des gourgandines, beaucoup n'osent pas demander ce qu'elles aimeraient de peur de vexer l'homme, beaucoup se retiennent de crier pour ne pas apeurer leur partenaire. Il est vrai qu'une femme entreprenante peut encore faire peur à certains hommes, peur de ne pas être à la hauteur, peur qu'elle aille voir ailleurs. Cette peur peut provoquer des inhibitions et en particulier des pannes d'érection.

Mais le plus souvent l'homme nouveau dépasse ses peurs et veut que la femme soit active. Elle le peut, son côté yang le lui permet. Elle l'a fait en particulier en Orient où, pendant des millénaires, elle a été l'initiatrice des Empereurs et de tous les mâles. Être active c'est faire, demander, exprimer. Mais il ne s'agit pas non plus que la femme fasse tout. Dans un couple harmonieux, la femme et l'homme seront cocréateurs de la volupté et ils alterneront les rôles actifs et les rôles passifs.

Encore faut-il que l'homme se métamorphose et sorte de ses peurs : peur de ne pas être à la hauteur et qu'en conséquence la femme le trompe ou le quitte, et peur d'être épuisé en essayant de la satisfaire, toutes peurs à l'origine de la « mâle peur ». C'est la maîtrise de l'éjaculation qui permettra à l'homme de combler la femme totalement et sans se fatiguer. Alors c'en sera fini de ses craintes.

LEURS RÊVES

Quand on demande aux hommes ce qu'ils aime-raient que les femmes leur fassent plus souvent ou mieux en matière d'érotisme, ils énumèrent un cer-tain nombre de souhaits. Une vraie litanie.

Que les femmes soient intéressées par la sexua-lité. Toutefois, beaucoup d'hommes reconnaissent qu'elles le sont de plus en plus.

Qu'elles y prennent plus de plaisir et qu'elles le manifestent plus.

Qu'elles soient plus actives : initient plus, partici-pent plus, innovent plus.

Qu'elles parlent plus, en particulier qu'elles en-couragent et admirent leur homme. Et surtout, qu'elles parlent pour lui apprendre leur corps sexuel et son fonctionnement : la situation du clitoris et du point G, la meilleure façon de les caresser, de les stimuler, les positions qu'elles préfèrent et les mou-vements les plus aptes à les faire jouir. Qu'elles n'hé-sitent pas à guider l'homme de la voix et du geste.

Qu'elles disent ce qu'elles veulent et ne veulent pas.

Qu'elles ne « foncent » pas sur leur verge, ne « l'attaquent » pas d'emblée, même si elle se dres-se. La difficulté des hommes – surtout des anciens – est de résister à l'impérieux appel de leur pénis qui les empêche d'étendre l'érotisme à l'ensemble des corps.

Qu'elles s'occupent plus et mieux du pénis : qu'elles lui donnent plus de caresses, plus de baisers, plus de succions (« fellations ») et de meilleures.

Qu'elles acceptent et réclament plus de baisers vulvaires (« cunnilingus »).

Qu'elles initient ou acceptent plus de « positions ».

Qu'elles s'occupent mieux de leurs propres orgasmes et n'en laissent pas l'unique responsabilité à l'homme. En tout cas, qu'elles ne simulent jamais. Feindre empêche tout progrès, alors que dire la vérité oblige à rechercher les causes et à améliorer ses façons d'être et de faire.

Qu'elles fassent plus souvent l'amour.

Rappelons les fréquences moyennes pour des adultes de 25 à 35 ans : 6 % des couples font l'amour tous les jours, 70 % deux fois par semaines, parfois trois, 21 % une fois par semaine, 2 % une fois par mois, 1 % encore moins. Ces moyennes ne sont pas une obligation, chacun a le droit d'avoir son tempérament, son rythme, et s'en trouvent bien.

Qu'elles fassent l'amour plus souvent en dehors des créneaux horaires habituels qui, selon des enquêtes sont : le matin au réveil pour 12 % des couples (sans doute à cause du « réveil triomphal » de l'homme, autrement dit de son érection en fin de nuit), à la sieste pour 13 %, le soir au coucher pour 48 %. Les hommes voudraient faire l'amour plus souvent l'après-midi ou dans le courant de la nuit.

Inversement, qu'elles acceptent sans ressentiment que les hommes n'aient pas envie de faire l'amour et qu'ils puissent ne pas bander.

Les hommes nouveaux revendiquent le droit de ne pas bander systématiquement. D'une façon générale, ils voudraient que les femmes les libèrent de l'obligation de performance.

Qu'elles fassent plus de strip-teases avant de venir les rejoindre pour le corps-à-corps.

Enfin, qu'elles vantent et chantent à leur tour la beauté du corps et du sexe de leur compagnon, qu'elles louent sa nudité – comme les hommes le font avec la nudité féminine – qu'elles apprécient telle ou telle partie, qu'elles contemplent, tel ou tel détail, qu'elles admirent sincèrement l'organe mâle, après tout c'est bien l'acteur de leurs plus grandes joies et de leurs voluptés suprêmes. Qu'elles en finissent avec leur ressentiment envers ce phallus coupable d'avoir instauré la phallocratie. Le nouvel homme a tourné la page du machisme, que les femmes lui accordent son pardon.

Chapitre I

L'HOMME

ET LES CARESSES

Toutes les parties du corps de l'homme ont une potentialité érogène, et peuvent être sources de sensations agréables, voire volup-tueuses. Le domaine érotique est infini. À vous de l'explorer par l'entremise de la caresse.

Par commodité, j'ai classé les caresses en trois catégories « géographiques » réparties en trois cercles concentriques. Au centre du corps est le premier cercle qui comprend les organes sexuels – quelques centimètres carrés de muqueuses hypersensibles. Autour d'eux est le deuxième cercle qui comprend le pubis, la face interne des cuisses, le périnée et la marge de l'anus – quelques dizaines de centimètres carrés de peau assez sensible. Au-delà se trouve le troisième cercle, l'immense surface cutanée qui va de la plante des pieds au cuir chevelu et totalise

18 000 cm² d'une sensibilité plus grande qu'on ne croit. Je rattache au deuxième cercle les seins, dont la sensibilité est exquise chez la femme bien sûr, mais aussi chez l'homme, sauf exception, et en connexion avec les organes sexuels.

L'HOMME AIME-T-IL LES CARESSES ?

Classiquement l'homme ne serait pas très amateur de caresses – en donner comme en recevoir – ; chez lui la sexualité se réduirait à la séquence pénétration-éjaculation du pénis, séquence rapide, brève et quasi compulsive, séquence rétrécie au premier cercle et sans fioritures, séquence où l'action l'emporte sur le ressenti.

Il est vrai que l'homme, en raison de son type d'érection, ressent une envie impérieuse, quasi irrésistible, de s'engouffrer dans le corps de la femme. D'autre part, de nombreux facteurs culturels ont détourné l'homme des caresses de la peau. L'homme ancien évite de s'en remettre aux mains d'une femme de peur d'en devenir esclave. À l'inverse, chez la femme, des facteurs culturels la prédisposent aux caresses. Ainsi, il est admis que les femmes soient sensibles et caressantes ; de plus, la maternité est une école de caresses. Le fait que les hommes s'occupent de plus en plus de leur progéniture contribuera sans doute à éveiller un peu plus leur peau.

Enfin, les rôles et les travaux auxquels étaient confrontés les hommes les empêchaient d'aiguiser leur sensibilité cutanée. C'est la civilisation et la division du travail qui ont donné aux chasseurs, aux guerriers, aux cultivateurs, aux bâtisseurs, un cœur de pierre et des mains de fer.

Toutefois, si on la regarde au microscope, la peau de l'homme a la même structure et le même nombre de capteurs sensitifs que celle de la femme. D'ailleurs, avec la disparition des travaux manuels, on ne sait plus toujours distinguer à la vue et au toucher la main d'un homme de celle d'une femme. Apparaissent à l'horizon ces hommes nouveaux au cœur de soie et aux mains de velours car fondamentalement l'homme est aussi apte à toucher que la femme.

La peau, un tissu extraordinaire

Les caresses du troisième cercle concernent toute la surface cutanée, c'est-à-dire la peau (les marges des sexes et les sexes eux-mêmes faisant partie respectivement du deuxième et du premier cercle).

On a longtemps cru qu'elle était un simple tissu d'emballage du corps, une sorte de cuir. En fait, elle est aussi un organe sensoriel : elle contient le sens tactile – ou toucher – qui se révèle être le sens le plus étendu et le plus riche. En effet, il s'étend sur 18 000 cm² et est riche de 1 500 000 récepteurs sensitifs (chaque cm² en contenant 5 à 135 selon les sites). La peau n'est donc pas un sens grossier, contrairement à ce que l'on croit, elle est aussi fine que les sens dits « nobles », telles la vue et l'ouïe. Bien sûr, c'est la peau des mains, et tout particulièrement celle de la pulpe des doigts, qui est la plus sensible. Ici, la densité des récepteurs atteint 135 au cm².

Il est important de savoir que la surface que représente la main est aussi vaste que celle que représente l'addition du tronc, des bras et des jambes ; c'est dire que le nombre de neurones sensitifs qui partent de la main est presque aussi important que le nombre de ceux qui partent de la surface totale du corps (moins la bouche). C'est dire aussi combien le toucher – les caresses, les étreintes, les massages, etc. – aura d'impact érotique et psychique.

La peau est le siège d'une énergie que la science occidentale ignore, mais que les médecines orientales ont bien étudiée et utilisée. Cette énergie provient de l'énergie universelle qui parcourt le cosmos – le Ki – ; elle circule à travers le corps, et spécialement à travers la peau, où elle emprunte des voies propres : les méridiens. La bonne santé dépend de la quantité totale d'énergie et de sa libre circulation. Nul doute que le toucher amoureux met en œuvre cette énergie : entre les peaux des partenaires, particulièrement celle de leurs mains, se produisent des échanges énergétiques qui entraînent des charges, des décharges ou des mouvements d'énergie.

Sans doute, ces multiples échanges d'énergie qui se produisent dans l'intimité, sont-ils à l'origine de l'effet antifatigue et réénergisant que l'on ressent dans les contacts entre les corps. Aussi, les hommes qui rechignaient autrefois aux caresses et autres massages, sont actuellement les premiers à les réclamer depuis qu'ils s'en trouvent revigorés.

Un autre rôle de la peau, c'est d'être émettrice

d'odeurs. Or les odeurs ont un rôle considérable dans l'érotisme. Elles ont des répercussions émotionnelles profondes, soit agréables (bouffées de bonheur, bien-être, attirance, etc.) ou désagréables (mal-être, répulsions, etc.). Intervient ici la mémoire des odeurs – mémoire olfactive qui siège dans l'amygdale limbique – qui fait qu'une odeur actuelle nous renvoie à une odeur du passé, laquelle peut être associée à un événement heureux (un fait lié à notre mère, un amour d'enfance, la première fille caressée, etc.) ou pas.

Certaines odeurs, constituées de molécules odoriférantes appelées « phéromones », font office de messagères du désir. Inhalées, elles stimulent, par muqueuse nasale interposée, le centre de la pulsion sexuelle – situé dans l'hypothalamus. C'est ainsi que naît le désir.

L'homme a toujours été sensible aux odeurs de la femme (odeur de sueur, odeur de sécrétion vulvaire, etc.). Toutefois, les odeurs cessent d'être aphrodisiaques lorsqu'elles vieillissent – trop – car des bactéries dégradent les molécules.

LE BESOIN DE STIMULATION CUTANÉE

Les hommes ont moins de réticences envers les caresses depuis qu'ils savent que le besoin de stimulations cutanées est un besoin biologique fondamental aussi vital que le besoin d'air, de nourriture et d'eau. De nombreuses observations ou expérimentations ont prouvé que, faute d'être touchés, les petits des animaux ne peuvent pas se développer normalement. De même, de multiples observations – dans les maternités, les orphelinats, les hôpitaux – montrent que les humains, les enfants comme les adultes, ne peuvent jouir d'une bonne santé et d'un bon équilibre psychique s'ils ne sont pas touchés affectueusement.

La stimulation de la peau a de nombreux effets positifs, entre autres : elle accroît la vitalité, elle décontracte les muscles et les viscères, elle active la circulation veineuse, etc. Mais ses actions les plus importantes concernent le psychisme, ce sont ses effets psychotropes : elle est relaxante, tranquillisante et antidépresseur. Ces effets sont dus aux endomorphines que l'hypothalamus sécrète quand la peau est caressée agréablement. On peut aussi les expliquer par le fait que le toucher constitue un langage qui exprime la sollicitude et la tendresse que le partenaire nous porte et qui rompt notre angoissante solitude.

LA CARESSE D'AMOUR GRATUITE

La caresse peut se donner en prélude au coït, ou en postlude succédant à l'union, ou s'offrir gratuitement sans intention de coïter. La caresse gratuite a pour seul but d'offrir du bien-être à son partenaire sans envisager la pénétration. Après tout, ce que l'on cherche dans l'union sexuelle c'est la volupté et l'apaisement, or une séquence de caresses et de massages apporte l'un et l'autre. Certes la volupté n'est pas d'un mode explosif, mais elle atteint souvent l'euphorie.

Bien entendu, quand les partenaires souhaitent une séance de caresses gratuites, la femme devra éviter d'aborder le pénis, sinon, celui-ci affriolé réclamera son dû, c'est-à-dire le soulagement par éjaculation (par branlage, par fellation ou pénétration). Et c'en sera fini de la caresse, car l'homme assouvi n'a plus ensuite, le plus souvent, envie de caresser la peau.

La caresse de préliminaires

Pendant longtemps, en Occident et dans la majorité des pays du monde – en particulier ceux sous influence occidentale – la plupart des hommes « prenaient », « sautaient » les femmes sans demander leur avis et sans les caresser préalablement, c'était des formes de viols, des « viols conjugaux ». Par contre, en Orient, depuis plus de 6 000 ans, les arts érotiques enseignaient l'importance des préludes et les décrivaient avec poésie et force détails.

Depuis « l'émancipation » de la femme qui a acquis le droit au plaisir, depuis la libération de la sexualité et depuis l'avènement de la sexologie, les hommes savent bien qu'il faut préparer la femme à l'union. Préparer signifie accroître son envie de faire l'amour (au cas où son désir somnolerait), provoquer sa lubrification afin que l'échange se passe bien pour les deux partenaires et améliorer la turgescence de ses corps érectiles (clitoris, vulve, gaine vaginale) afin que son plaisir soit optimum.

Mais il y a quelque chose de mieux encore avec l'homme généreux en matière de préliminaires, c'est qu'il en veut pour lui-même : il veut des baisers et des caresses sur toute la surface de son corps et en tire beaucoup d'agrément et de plaisir. Bien sûr, au début, son pénis se tend et trépigne, mais lorsque les caresses s'étendent à tout le corps, il se détend. S'il le faut, la femme peut aider le pénis à s'apaiser et à patienter : qu'elle le saisisse prestement et le serre dans sa main, sans le branler et qu'elle lui donne quelques baisers subtils en lui parlant : « Rassure-toi, je vais m'occuper de toi... Patiente, je vais faire le tour de ton propriétaire et je reviens. » Après avoir offert ses caresses à toute la surface de l'homme, elle reviendra au sexe. Alors, l'homme atteindra un niveau d'orgasme bien supérieur.

LES CARESSES DE POSTLUDE

Ce sont les cajoleries que les partenaires se donnent après avoir communié dans l'orgasme. Autrefois, on les négligeait. Toutes les confidences des femmes contiennent les mêmes plaintes : après avoir « tiré son coup », l'homme se détache, roule sur le côté et plonge dans un profond sommeil, à moins qu'il ne s'asseye dans le lit pour fumer une cigarette, pire, se lève pour se laver et aller vaquer à ses occupations.

• Que l'homme s'endorme peut se comprendre, il vient d'accomplir un effort physique plus ou moins prolongé (entre 5 et 45 minutes). De plus la volupté qu'il a obtenue a déversé dans son cerveau une bonne quantité d'endomorphines dont on connaît le pouvoir sédatif. Enfin, la fameuse phase réfractaire qui suit son orgasme est marquée non seulement par une chute de son érection et de son désir, mais aussi par une certaine apathie mélancolique.

• Que l'homme se détache s'explique par les mêmes raisons. Mais il faut y ajouter une raison de plus : le guerrier qu'il est resté au fond, n'aime pas ces moments où le cerveau ivre, le corps las et le sexe mou, il s'effondre dans les bras de la femme, comme si la femme l'avait vaincu. C'est encore la « mâle peur » qui transparaît ici.

• Que l'homme soit triste se conçoit aussi : en lui, plus ou moins conscient, il y avait ce rêve de fusion absolue, de retour au paradis perdu (la vie fœtale, la vie infantile). Il a jailli quelques instants à ce zénith, puis il en est retombé s'écrasant sur le non-sens de cet acte uniquement mécanique à propos duquel le médecin grec Galien écrivait : « Tout animal est triste après l'amour… »

Il en va autrement pour l'homme généreux. L'union sexuelle, il la pratique comme une longue communion sur le mode de la « caresse intérieure » (rendue possible par l'art du contrôle de l'éjaculation). Son orgasme, il en a fait une extase et lui a donné un sens élevé. Donc, au lieu d'être fatigué, il est revigoré et comblé. Alors il reste niché contre sa compagne pour prolonger le temps de la fusion où on ne fait qu'un, le temps de l'euphorie où l'on se trouve dans un état de conscience extraordinaire. Il est alors prêt pour de nouvelles caresses…

Chapitre II

FABULEUX ITINÉRAIRES

À TRAVERS LA PEAU

Je ne vais pas dresser un atlas érotique complet de l'homme, mais vous décrire quelques agréables itinéraires au pays du plaisir. Votre imaginaire ensemencé, « l'esprit caresse » inculqué vous pourrez joyeusement parcourir la peau masculine et lui offrir les bonheurs dont elle rêve.

Un principe : prenez votre temps, faites tout lentement. Un conseil pour l'homme : n'hésitez pas à vous exprimer, à dire ce dont vous avez envie, comment il faut faire, n'hésitez pas non plus à guider de la main. Petit truc : la façon dont l'autre vous caresse, vous indique comment et où il aimerait être caressé.

La main peut agir de cent manières, le massage en est une. Le plus souvent la main masse sans le savoir, c'est-à-dire spontanément, d'instinct. Mais elle peut le faire savamment : on peut apprendre à masser, il existe des méthodes et endroits nombreux où on peut se former ; il est indéniable que cela apporte un plus. Mais il faudra intégrer la méthode dans l'échange amoureux et noyer la technique dans la tendresse et l'érotisme.

LE BAIN

Donner un bain à son aimé, c'est sans doute une des façons les plus complètes et les plus suaves de le caresser.

Voilà votre aimé plongé dans l'eau chaude parfumée. Relaxé, abandonné, il est à vous. Commencez par le shampooiner à deux mains ce qui revient à lui offrir un merveilleux massage du cuir chevelu que vous pourrez étendre au cou et au visage. Le savon et sa mousse facilitent les mouvements de vos mains, qui alors glissent dans les cheveux. Massez, frictionnez, grattez. Prenez toute la tête, du front à l'occiput en passant par le sommet, en tournant sur les tempes. Débordez sur le cou, enveloppez le visage. Puis rincez. Plaisantez, riez. Allez embrasser son front, cette fois tout ruisselant. Ajoutez-y sa bouche toute mouillée. Maintenant, séchez sa tête avec une serviette éponge. Frictionnez hardiment ses cheveux, tamponnez doucement son visage, essuyez délicatement ses oreilles. Il tend sa bouche, mordez-la lui.

Demandez ensuite à votre homme de s'asseoir et occupez-vous de savonner ses épaules, ses creux axillaires, ses bras, ses mains, tout à la suite, puis allez sur le torse et lavez-le en large et en travers ; enfin,

partez sur le dos, et après l'avoir fait se pencher, asti-
quez-le le plus sensuellement possible. C'est l'occasion de glisser vos mains sur toutes ses facettes, ses
arrondis, ses creux, ses plats, de les explorer, de les
bien sentir, d'en profiter. Chaque détail est agréable,
je ne peux les citer tous. Par exemple : savonner en
palpant ses pectoraux, savonner en les enveloppant
et en les étirant. C'est délicieux pour votre homme,
c'est extrêmement savoureux pour vous. C'est une
façon autre de vous offrir et de vous prendre.

Que votre homme s'allonge désormais et s'im-
merge. Priez-le alors de vous tendre ses jambes,
l'une après l'autre. Savonnez d'abord ses pieds, en
vous attachant à bien appuyer sur les plantes avec la
pulpe de vos doigts de façon à réaliser une sorte de
massage. Remontez ensuite le long de sa jambe en
la tripotant aussi consciencieusement. Gagnez enfin
la cuisse en la pressant à pleines mains, en tournant
autour. Prenez votre temps, faites durer le plaisir
qui est un délice pour vous deux. C'est particulièrement excitant pour la femme de manier ces membres noueux, musclés, puissants, ces membres sur
lesquels l'homme s'arc-boute pour s'ancrer en elle
à l'instant de se conjoindre. Ici aussi, chaque détail
vaut son pesant d'or, mais s'il fallait en retenir un,
c'est le savonnage des pieds sur toutes leurs facettes que je retiendrais. Il faut l'exécuter (comme on
dit d'une œuvre de musique) posément en détaillant
chaque note, alternant la subtilité et la fermeté.
N'oubliez pas de glisser vos doigts entre les orteils,
de saisir chaque orteil entre pouce et index, de le
tordre légèrement, de le tirer carrément. Résisterez-

vous alors à l'envie de sucer les orteils un à un ? Et même de les mordiller de l'extrême bout des dents ?

Ayant reposé ses membres inférieurs dans l'eau, allez imprimer un gros baiser sur la bouche de votre homme, il en a bien besoin et vous aussi. Une fois tous deux bien repus, demandez-lui de se mettre à genoux dans la baignoire. Et entreprenez le savonnage le plus excitant qui soit, celui de toute la zone centrale : le ventre, le pubis, le pénis, les testicules, l'entrecuisse, le sillon inter fessier avec en son fond l'anneau anal et enfin les fesses. Tout est enivrant. Bien évidemment, les passages sur le pénis et l'anus sont les points les plus forts.

Réservez la toilette du pénis pour la fin et donnez auparavant tous vos soins à l'astre anal. Savonnez consciencieusement le vestibule qui le précède, puis l'orifice lui-même et ses plis radiaires. Ce ne sont pas tellement des sensations érotiques que votre homme ressentira mais plutôt une impression de redevenir un petit garçon que sa mère lave avec amour. Une forme d'abandon-régression très émouvante pour tous les deux. Vous pouvez enfin en venir au pénis. Sans doute le trouvez-vous quelque peu dressé ou même carrément bandé à fond. Alors, rien n'est plus exquis pour lui et savoureux pour vous que de faire coulisser votre douce main ensavonnée sur le fût mâle tendu vers vous. Sentir le contact de la verge gorgée, brûlante, glissante au creux de votre main vous excite magnifiquement. Quant à votre homme, de sentir son membre viril aller et venir dans votre paume bien huilée le transporte d'allégresse. C'est alors, qu'une envie irrésistible vous saisit : après l'avoir rincé derechef, vous vous penchez pour prendre cette merveille provocante dans votre bouche et la déguster suavement ; ce faisant, vous risquez gros : que votre homme, arrivé au même degré de flamboyance érotique, vous saisisse et vous bascule dans la baignoire.

Si votre homme se maîtrise, séchez-le comme un bébé. La prochaine fois, c'est lui qui vous donnera votre bain.

Ô VISAGE RADIEUX

Elle le dévisage, suivant les lignes et les reliefs de son visage, s'abîmant par instant dans son regard. Faut-il aimer pour regarder ainsi ! Faut-il se sentir aimé pour se laisser regarder autant ! Et quand leurs yeux se croisent, ils se sentent remplis l'un de l'autre. Faut-il s'aimer pour se voir si fort. Il n'y a rien d'autre à voir que l'amour qu'ils se portent et la confiance et la transparence.

C'est alors qu'elle tend une main vers le visage de l'homme et refait avec son index le chemin qu'avait fait son regard. Du bout de son doigt elle suit l'arcade sourcilière d'un côté, puis de l'autre, puis la crête du nez, la lèvre supérieure, la lèvre inférieure. Du bout de son doigt elle le redessine. Maintenant, elle contourne l'arrondi du menton, remonte sur les mâchoires puis sur le front, qu'elle traverse et redescend de l'autre côté. Tel un fusain qui trace le trait, son médius repasse plusieurs fois sur les saillies du visage.

Mais voici que d'esthète, la main se fait taquine. Elle veut maintenant éveiller quelques sensations friponnes. Lentement, légèrement la pulpe glisse sur l'ourlet des lèvres, celle d'en haut, celle d'en bas et sur les commissures. Des frissons, des chatouillis naissent à fleur de lèvres. Elle, elle voit bien la chair trémuler et après quelques tours, elle n'y résiste plus, se penche et pose un baiser subtil sur les frissons. Puis de la pulpe de l'index ou du médius, elle va jouer sur les sourcils, les lissant ou les rebroussant, sur les tempes où elle tourne quelques arabesques, sur les joues où elle trace quelques tendresses. L'homme est aux anges. Alors la femme va embrasser ses sourcils, ses tempes, ses joues. Baisers appuyés. Gourmands baisers.

Sous les doigts, sous les lèvres, le visage se détend, s'ouvre, s'offre. Plus aucun muscle n'est crispé, plus aucune peau n'est plissée, plus aucune ombre posée. On n'y lit plus de méfiance, de prudence, de retenue, de douleur, de rancœur. C'est le visage d'un homme avant que la vie ne l'érafle, ne le creuse, ne l'effraie, ne le déçoive. « Oui, je crois en toi. Oui, je te laisse entrer au plus près de moi ». Et l'homme de révéler son visage d'enfant.

Voilà que la femme réunit ses doigts et élargit sa main, et la passe sur les joues de l'homme, la passe et la repasse, sur l'endroit, sur le revers, lentement. Sur le front elle fait de même, tandis que ses yeux se glissent dans les yeux de l'homme. Alors, les yeux de l'homme se mouillent. Ils voient le visage de la femme à travers le prisme de leur eau. Visage d'une infinie douceur, visage même de l'amour. Le temps se brouille, le temps se perd, le visage tremble. Et tout se mêle. D'un temps sans âge monte un bonheur sans limite. Et tout se confond.

Combien d'hommes les femmes verraient-elles pleurer si elles osaient toucher tendrement les joues de leur aimé. Là, sous le masque du guerrier, du blessé, du blasé, sous la persona de la vie quotidienne, elles trouveraient l'enfant. Qu'elles s'offrent le luxe, par une indépassable tendresse, de le laisser sourire un instant.

L'AMOUR EN TÊTE

Question caresses, les hommes, il ne faut pas les prendre de front. Ils rentrent à la maison, le soir, sur leur lancée professionnelle. L'intellectuel est encore tout dans la tête, loin de son corps, cette contingence indigne de son intelligence ; de sa part, penser à des caresses, ou pire en réclamer, c'est inconcevable. Le manuel, lui, est encore tout dans l'action, son corps est fait pour fonctionner, pour transformer ; les caresses il n'y pense même pas, c'est le contraire d'agir, c'est la passivité même. Et pas loin, derrière ces raisonnements il y a des restes de préjugés machistes : un homme ça ne s'abaisse pas à la tendresse, ça ne se prête pas à la sensibilité, ça reste à distance de tout ce qui peut amollir, faire se pencher, faire s'en remettre.

Pourtant, que les femmes n'oublient jamais que, quoi qu'ils disent, les hommes aiment qu'on les touche, que leur peau est avide et jouisseuse. Alors quand ils rentrent, qu'elles les laissent se poser, se décanter, s'apaiser. Ensuite, elles l'introduiront subrepticement dans le jeu.

Et puis il y a de plus en plus d'hommes nouveaux, ces hommes subtiles dont la peau n'est pas ou n'est plus enfouie sous une épaisseur de cerveau ou de technique ou de machisme. Ceux-là vont vers vous, la femme, vous prennent dans leurs bras, vous cajolent la nuque et les reins. Et disent : « Viens s'il te plaît, viens j'en ai plein le dos. Viens me caresser, viens me masser. »

Faites asseoir votre homme sur une chaise ou sur le bord du lit et posez vos mains sur sa tête. D'abord, sans bouger, comme si vous lui imposiez les mains. Vous respirez calmement. Vous respirez ensemble d'un même souffle paisible, dans le silence. Entre vos mains et le crâne de cet homme quelque chose passe, qui rassure, qui décante. Ses idées s'apaisent ? Il rentre en lui, il se rassemble, il se met à l'écoute de lui.

Alors vos mains s'éveillent. Là où ils sont, vos doigts s'activent, ils se plient et se déplient massant du bout de leur pulpe le cuir chevelu à travers les cheveux. Déplaçant vos mains, vous massez de la même façon un autre pôle du cuir. Et voilà que le sang et l'énergie qui stagnaient ici et là se mettent à circuler. Ce cuir qui était comme mort ou engourdi se remet à vivre. Il chantonne et rit. Des idées légères, des idées heureuses lui passent à l'intérieur.

Vous, son amie, vous allez de vos mains du sommet du crâne à l'occiput tout derrière et de l'occiput au front tout devant. Puis tournez autour du crâne, tantôt massant franchement, tantôt griffant légèrement. Passant au-dessus des oreilles, vos mains font quelques pas sur place. Glissant dans les fossettes de la nuque, elles y patinent gaiement. Les fossettes sourient et leur sourire se projette dans la tête, dans le cou, dans le dos.

Maintenant, vos doigts, s'écartant nettement, se courbent et tel un peigne passent dans les cheveux, ébouriffant leurs mèches, labourant leurs racines. Puis ils se resserrent et, réunis, massent à pleines mains, cette fois le sommet de la tête et toute sa couronne. Les sensations sont délicieuses, remplissant la tête, et même le corps, de bien-être, de paix, d'euphorie. Arrivés à hauteur des oreilles, voilà qu'ils descendent vers elles et les recouvrent. Puis les prenant entre pouce et grands doigts, ils les palpent et les froissent comme ils feraient d'un échantillon de tissu, voilà qu'ils les pressent et les « repassent » comme s'ils voulaient les déchiffonner. L'homme est sidéré. Impression bizarre et joyeuse qu'aucune partie de son corps n'est étrangère à cette femme. L'oreille, c'est fait pour entendre, pas pour être heureuse. Et pourtant cette caresse insolite la rend heureuse et l'homme heureux. D'un bonheur en écho. Qui donc m'a déjà touché l'oreille ?

Odeur de savon. Voix de femme. Douceur d'éponge. Et la douce serviette qui essuie le creux de l'oreille et passe derrière. Et les copains qui appellent dans le jardin. Et la mère : « Attends donc, tu n'es pas sec ! » Et la tête du gamin qui file entre les plis de la serviette. Et les cris de joie qui l'accueillent dehors.

GROS BRAS ET FINS PLIS

Même si votre homme est un gros bras, un costaud des Batignolles, ou un lanceur de poids, il a sur les bras une faiblesse, une zone fragile ou plutôt un point sensible. Quand il roule des mécaniques face à la faible femme que vous êtes, quand il rentre « remonté à fond » contre un arbitre, ou contre son patron, n'essayez pas de le contrer par de vaines paroles. Il n'y a rien à dire, il n'y a qu'à faire.

Entre les biscotos du bras en haut, et ceux de l'avant bras en bas, il y a un pli, le pli du coude. La peau y est glabre et fine. Sans rien dire et sans avoir l'air d'y toucher, posez-y la main bien à plat. D'abord ne la bougez pas. Toute posée qu'elle est, elle agit déjà, soyez en sûr. Par la chaleur qu'elle irradie, par le magnétisme qu'elle dégage, et grâce à l'extrême réceptivité du pli. Regardez : votre homme était affirmatif, il avait le verbe haut, maintenant sa voix a baissé d'un ton, ses gestes se sont ralentis.

C'est le moment de le guider vers une chaise. Il s'assied et vous vous asseyez près de lui. Alors, votre main peut se mettre en chemin. De la pulpe de vos doigts glissez sur le pli, en travers puis en long dans l'axe du bras. Très lentement. Maintenant, remontez un peu plus haut sur le bras, puis descendez un peu plus bas sur l'avant du bras. Frissons et soupirs garantis. Votre homme se détend, ses épaules s'arrondissent, son thorax se relâche. Il ne dit plus rien du tout. Il souffle. Mais à la longue, ça pourrait le chatouiller, ce qui deviendrait plus agaçant que voluptueux. Alors, il vous faut sortir un ongle et gratter ou plutôt rayer la fine peau du creux, en large et en travers et remonter à nouveau sur le biceps et descendre aussi sur l'avant bras. Toujours, il faut diffuser les sensations. Votre homme soupire de plus belle et vous regarde langoureusement.

Mais ce n'est pas tout. Glissez votre main derrière son bras et promenez-la sur la face postérieure puis à l'intérieur entre bras et thorax. Là est une peau d'une grande finesse, lisse et d'une sensibilité chavirante. L'homme en frissonne et à chacun de ses frissons il suspend sa respiration, halète. C'est le moment pour la femme d'imprimer ses ongles dans la tendre peau, puis de les déplacer en rayements continus (« la luge ») ou en empreintes discontinues (« le pas du canard »). Mais la femme sait qu'il ne faut pas laisser le temps à l'homme de s'habituer à une sensation, aussi voilà qu'elle pétrit le triceps (le muscle de derrière le bras). Bientôt elle retournera au pli du coude, y alternera des effleurements et des griffures, des frôlements et des pinçons.

Mais voilà que l'homme se lève de sa chaise, tire sa femme par la main, la mène dans la chambre, l'allonge dans le lit. Laissons-les, ils sont aux mains de l'amour.

Réplique au poignet

L'autre faiblesse, ou plutôt l'autre zone de bonheur du bras masculin, est le pli du poignet. Même peau glabre et sensible. Là, entre son puissant avant-bras et sa main qui craque des noix comme des bulles de savon, s'alignent quelques fines stries. On dirait sur sa peau quelques rides de sable laissées par la marée. Passez doucement dessus la pulpe d'un doigt et allez au-delà : remontez sur l'avant-bras, puis descendez dans la paume. Il faut, quand vous entamez une caresse, déborder l'épicentre et intéresser le voisinage ; ce n'est qu'ensuite qu'il faut se concentrer sur le pli exquis. Vous y êtes : de la pulpe du médius cascadez sur les plis, d'avant en arrière et retour, très lentement, plusieurs fois. Faites-le ensuite dans toutes les directions. Remplacez maintenant la pulpe par l'ongle et tracez les mêmes figures. Puis frottez cette zone du poignet de votre ami avec la même zone de votre propre poignet, doucement. Vous vous donnez des douceurs tout en procurant à autrui.

Le moment est venu de poser votre bouche sur les plis. Appuyez longuement comme le ferait une nonne sensuellement mystique sur une médaille de Jésus. Puis faites ce que celle-ci ne ferait pas : sortez un bout de langue et titillez les plis. Frissons garantis chez votre haltérophile qui commence à baisser la garde. Pendant que vous y êtes, glissez votre langue dans le creux de sa paume, qu'elle y fasse quelques pointes effrontées, qu'elle s'y applique en ferventes et troublantes léchettes. Votre homme soupire, vous avez trouvé juste. Alors battez la chair pendant qu'elle est chaude : allez glisser votre langue dans les espaces entre les doigts, sur les ébauches de palmes, c'est très sensible et la sensation insolite. Cette peau de main est très honorée par votre attention et trouble l'homme. Poussez votre avantage et n'hésitez pas à embrasser et suçoter les doigts ; ça a quelque chose de très intime qui achèvera de troubler votre homme, ce qui entraînera de sa part quelques réactions dont vous serez la bénéficiaire. Comme de sentir, par exemple, ses bras puissants se refermer sur vous.

TORSES ET TÉTONS

La femme adore promener sa main sur le torse de l'homme : muscles carrés, toison bouclée, c'est fort de virilité. Et ça se soulève puissamment comme un soufflet de forge avec un bruit de vent sous les portes. Envie de taper du poing comme sur un tamtam. Envie de passer les doigts entre les boucles. Envie de frotter les pointes de ses propres seins et d'écraser les tendres globes sur le pelage du mâle.

La main féminine s'avance sur le thorax, s'y pose, se laisse soulever par les profondes inspirations. Puis se met à lisser les poils et à les peigner en recourbant les doigts. La femme frémit de tout son yin. L'homme est fier de tout son yang.

La femme découvre les tétons sous le pelage. Envie de les titiller, aimera-t-il ? Selon les enquêtes 30 à 50 % des hommes apprécient cette caresse, qui agace ou est même désagréable aux autres hommes. En vérité 99 % des hommes finissent par aimer et même par en tirer de grandes jouissances : il faut insister. Toutefois, le mamelon de l'homme étant moins pourvu de terminaisons sensitives que celui de la femme, il ne peut procurer les mêmes plaisirs extrêmes.

Votre ami renâcle ? A vous de tenter avec quelque insistance de le convertir aux voluptés mamelonnaires. N'attaquez pas d'emblée les petites baies, commencez par caresser les pectoraux tout autour d'une main légère qui décrit des cercles et des spirales. Puis malaxez l'ensemble du sein et de son pectoral sous-jacent. Après seulement, occupez-vous du mamelon. Commencez par l'effleurer par petites touches brèves et légères. Ce n'est qu'ensuite que vous l'aborderez franchement : pincements, étirements, torsions entre pouce et index alterneront, d'abord subtils puis s'intensifiant progressivement. Voilà que les mamelons s'érigent, alors vous pouvez insister car, une fois dépassé les premières impressions possiblement désagréables, le plaisir se révèle. C'est le moment de les lécher, titiller avec la pointe de la langue, presser avec les lèvres, sucer, mordiller. Et un jour, ce jour peut-être, des plaisirs exquis surgiront. L'homme s'excitant, sa verge se dresse. Continuez, ces plaisirs peuvent s'entretenir longtemps.

Si, dans une même séquence, après avoir insisté raisonnablement, le plaisir ne vient pas, ne forcez pas au-delà. Vous reprendrez l'initiation une prochaine fois. Il faut parfois un très long temps avant que le sein de l'homme ne s'éveille et devienne réceptif.

Et puisque, certes pour son bien, vous avez quelque peu énervé votre homme, offrez-lui une de vos caresses suprêmes, particulièrement apaisante et réunifiante : un massage de tout son corps avec tout votre corps. Votre ami est allongé sur le dos, nu. Vous êtes entièrement nue aussi. Massez-le avec toute la surface de votre corps. Approchez-vous de lui, à plat ventre. Frottez-vous sur son côté. Puis montez sur lui et frottez-vous sur toute sa face antérieure. Puis descendez sur son autre côté et frottez-vous sur son autre côté. Faites plusieurs va-et-vient sur lui de droite à gauche et vice-versa. Choisissez maintenant une partie de votre corps et massez-le avec cette partie. Vous avez choisi vos cheveux eh bien allez caresser de votre chevelure son visage, sa poitrine, son ventre, son pénis, ses genoux, etc. Vous avez choisi vos seins et bien allez offrir leur époustouflant massage au visage de votre ami, à son thorax, à son ventre, à son pénis, à ses cuisses, à ses genoux, etc. Vous ferez de même avec votre ventre, avec votre périnée. Je vous laisse imaginer la sidération et l'exultation de votre homme lorsque votre vulve s'appliquera à masser son visage, son torse, etc. Sans oublier le passage sur la verge. Un homme qui n'entonnerait pas des hymnes à la gloire de la femme au cours d'un tel massage serait un ingrat de la pire espèce.

Pour terminer votre éblouissante prestation allongez-vous à nouveau sur le corps transporté, quasiment en lévitation, de votre homme. Et roulez sur lui comme un rouleau à pâtisserie, de droite à gauche et réciproquement. Puis mettez-vous sur le dos et roulez sur lui à plat dos cette fois. Pour finir, allongez-vous à côté de lui, sur le dos et faites le basculer sur vous, qu'il vous masse de tout son poids tandis que vos bouches se mordent.

Beau dos, large dos

Comme il est large le dos de l'homme, lorsqu'il est couché sur le ventre, la tête tournée sur le côté, le bras au-dessus de celle-ci. De ses aisselles monte l'odeur mâle, encens mâtiné de matou, qui émeut tant sa compagne. Elle, de son regard, parcourt toute la surface du torse, d'une épaule à l'autre, descend par le centre vers la taille et de celle-ci ricoche sur les fesses. Fesses d'hommes, étroites, fermes, nerveuses rien qu'à voir.

Elle avance la main en direction du dos de l'homme, la pose bien à plat entre les deux omoplates, se faisant attentive à tout ce qui en émane et aux réactions de l'aimant. Elle sent l'ample respiration qui soulève les côtes et déplisse le poumon. Souffle de forge au ralenti. Paix et puissance. Elle s'apprête à cheminer à travers l'immense étendue dorsale, plaine beauceronne aux horizons lointains.

Elle remonte de la main la gouttière au centre du dos jusqu'à l'occiput. Sous ses doigts, les reliefs des vertèbres se succèdent de bas en haut. Elle gratte un peu dans la fossette occipitale puis dans les petites cuvettes de chaque côté. L'homme fait un « humm ! » de contentement. Ces fossettes sont chaudes et onctueuses. Les animaux aussi aiment bien qu'on les gratte là : ils ne bougent plus et prennent un air pensif, comme les hommes.

La femme hésite entre descendre tout droit le long de la colonne ou emprunter la courbe des muscles trapèzes. Ce sont les trapèzes qui attirent sa main. Haubans de muscles tendus de l'occiput à chaque épaule, le soir ils en ont assez de tenir la tête droite contre vents et marées. Les doigts de l'aimante passent leur pulpe légère sur eux de haut en bas puis de bas en haut, plusieurs fois. Ils font de même de l'autre côté. Puis les ongles remplacent les pulpes sur le même trajet, griffant juste pour taquiner. Mais les contractures sont telles qu'il vaut mieux masser : suivant sa courbe, la main palpe le trapèze, le pince entre pouce et doigts, le pétrit du talon de la paume pour déloger quelques crispations retranchées, quelques douleurs scellées. Ça fait mal et ça fait du bien en même temps, les haubans se détendent et bientôt le cou se croit en vacances. Ce n'est plus le poids du monde qu'il a à porter mais un ballon à jouer. L'homme soupire d'aise.

Alors la main de la femme peut emprunter la gouttière de la colonne vertébrale, cascader doucement sur ses petites bosses, glissant tantôt sur la pulpe des doigts, tantôt sur le bout des ongles. Arrivée au creux des reins, la main marque le pas. Elle sait que là, en contrebas, à la jonction entre les reins et le sillon interfessier est une zone d'une sensibilité très particulière : quand on la masse quelque peu du bout des doigts, une impression de bien-être en monte qui gagne tout l'organisme tandis qu'une envie de faire l'amour pointe le bout de son nez. C'est là qu'est la charnière autour de laquelle le corps de l'homme se plie et se déplie quand il se joint et s'articule au corps de la femme. Mais ce n'est pas présentement ce qu'ils veulent, aussi pose-t-elle simplement sa main à plat sur la charnière ; aussitôt chaleur, bien-être et paix s'installent dans le bas du dos de l'homme.

Ensuite, la main de l'aimée emprunte à nouveau, en remontant, la gouttière du dos ; mais cette fois elle va s'en échapper pour excursionner sur les côtés : sur la taille, sur les côtes. Toute sorte de figures se tracent en tous points de l'esplanade du dos : arabesques avec la pulpe ou l'ongle d'un doigt, larges caresses d'une pleine main posé à plat, rayement en râteau d'une main repliée, larges pincements en peau de lapin de la peau généreuse des flans, discrets pincements de la peau chiche des côtes ! etc.

Et voilà que les lèvres de l'aimante sont avides d'aller ensemencer ce grand plateau. La femme se courbe sur le dos révéré autant que désiré dans un mouvement de prosternation. Sa bouche se pose en un point où la colonne transparaît et appuie longuement. Puis elle gagne un autre point au-dessus, puis tous les points jusqu'au cou. De là, elle redescend en suivant ces mêmes points jusqu'à la taille, jusqu'aux reins. Ici, elle atteint avec ravissement cette charnière que la main avait déjà sollicitée. La bouche, en s'appuyant, procure le même bonheur, le même bien-être et cette même envie de plier et de déplier la colonne, comme dans le geste d'aller et de venir dans la femme. Maintenant, c'est de tout son visage qu'elle farfouille l'immense plaine dorsale, la labourant de la bouche, du nez, du front. Et voilà qu'elle se plante dans le creux axillaire ; là, excitée par les arômes du mâle, elle se lance dans de profondes inhalations pour en jouir au maximum. Plus excitée encore, elle s'en va mordre les rebords du cou de l'homme et souffler de l'air chaud dans sa chevelure. Alors, n'y tenant plus, elle se hisse vers les lèvres masculines, écrasées là-haut sur l'oreiller. Les bouches se rencontrent, les dents mordillent. Les amants se retrouvent face à face pour un dîner de bouches.

Les hommes aussi ont des fesses

Pleines, rondes, limitrophes du saint des saints – le vagin – que l'on peut aborder par l'arrière aussi bien que par l'avant, les fesses de la femme occupent toute l'avant-scène de l'érotisme et de l'esthétique. En comparaison, les fesses des hommes sont les parents pauvres, on ne les vante pas, ne les chante pas, ne les caresse pas. En plus, les hommes ne tiennent pas à ce qu'on s'y intéresse. Ça les gênerait qu'on regarde leurs fesses, qu'on en parle : ils ne sont pas des femmes, ni des homos.

La réhabilitation des fesses masculines vient des femmes : désormais, il y en a qui, depuis les terrasses des cafés, les regardent et les notent. Et même en dehors des terrasses. Et il y en a qui les caressent et qui aiment ça. Et il y a des hommes qui aiment ça, de plus en plus d'hommes.

Ces fesses-là sont fermes à voir et à palper, creusées d'un méplat sur le côté. Et nerveuses, c'est-à-dire promptes à se contracter au moindre effleurement, comme les muscles d'un étalon sous sa robe. Pour la main d'une femme, c'est attirant, c'est surprenant, c'est amusant. Elle les taquinerait bien mais ce quelque chose de sauvage qu'elles ont, rend circonspecte la main de la femme.

Il est vrai que les fesses de l'homme sont sensibles. Lui frôler fait un effet fou à son propriétaire mais il les serre aussitôt. Premièrement, il a peur de passer pour une « gonzesse ». Deuxièmement, il a des peurs d'ancien combattant : en tout homme il y a un guerrier qui veille depuis 20 000 ans ; or un guerrier a peur d'être surpris par derrière, en traître ; un guerrier a l'arrière sur le qui-vive. Ceux qui viennent par derrière, il faut s'en méfier, soit ils portent une arme cachée, soit ils dissimulent un pénis bandé prêt à effracter. Non merci.

Toi la femme tu montres patte blanche, mais quand même, laisse-moi m'habituer à toi, à l'approche de ta main.

Sa main, la femme l'a posée au sommet de la fesse masculine. Et voilà qu'elle la palpe et l'apprécie : « C'est du béton, ça ! » L'homme est rassuré. Il contracte ses fessiers un peu plus, pour confirmer. La femme resitue le contexte : « J'ai vu, tu peux te relâcher. Laisse tes muscles, écoute ta peau plutôt ». Elle avance sa main sur l'épiderme, d'abord une main bien pleine, bien appuyée, épousant les contours. C'est bon cette chair si dense, si vivante. La femme se régale. Et l'homme y prend goût, c'est bon la main de cette femme.

Celle-ci maintenant soulève un peu sa main et détache un doigt qu'elle promène en arabesques sur l'hémisphère. La peau frissonne d'aise, l'homme aussi. Le doigt en cet instant tourne de façon concentrique sur les fesses et dessine un colimaçon ou une cible. Puis il se met sur son ongle et raie doucement l'épiderme en tous sens. L'homme envahi de douceur s'abandonne. Mais voilà que la femme reprend la fesse à pleine main, la massant et la palpant. Douée entre toutes, l'aimée sait qu'il faut alterner tous les types de caresses : effleurer avec la pulpe, rayer avec l'ongle, palper à large paume, et même frôler avec le dos du poignet, etc.

Mais la bouche frémit, s'impatiente et, n'y résistant plus, elle s'abat sur l'hémisphère et lui imprime un baiser soutenu, suivi d'une pluie de bécots. Surprise, la fesse masculine se contracte soudain. « Détends-toi ! » lui dit la femme dont les lèvres glissent maintenant lentement sur la peau en long, en large et en travers. Quelques tours plus loin, elle arrête son périple pour darder une pointe de langue, puis reprend sa marche, s'interrompant régulièrement pour offrir une léchette. La langue est un peu râpeuse à la fesse, la fesse un peu rugueuse à la langue, ils vont bien ensemble.

L'homme ne sait pas encore à quelle ivresse son amie va le conduire, mais il est trop bien pour ne pas s'abandonner. Alors la femme, tout en laissant sa bouche posée sur la fesse, glisse subrepticement, une main aussi légère qu'une aile de pinson, sur le versant interne de la fesse. Cette peau est d'une extrême sensibilité. L'homme suspend son souffle. Va-t-il laisser faire ? C'est trop tard, c'est trop bon. Il est à la femme. Celle-ci descend encore un peu sa main de sorte qu'elle est l'aplomb du sillon interfessier et contacte et frôle à la fois les deux berges de la faille. Double sensation explosive. Oui, il ne lui reste qu'à se rendre aux mains de cette aimante. « Femme, fais de moi ce que tu veux ! » dit l'homme au fond de lui.

La femme a entendu ce qui n'a pas été prononcé. D'une main, elle tire une fesse d'un côté pour agrandir l'espace interfessier, de l'autre, elle entreprend un grand frôlement qui part du périnée en avant, passe dans un doux rase-mottes sur la marge de l'anus et aboutit en arrière à l'extrémité du sillon interfessier. Ses doigts sont des ailes, ses pulpes des plumes. Ils vont, ils viennent, ils virevoltent, se posent une fraction de seconde, repartent, c'est à en perdre la tête. Mais cette fois s'étant posé sur la marge de l'anus, le doigt n'en part plus et taquine durablement l'orifice ; petits mouvements de la pulpe, chatouillis mine de rien. À un moment donné, de façon tout juste perceptible, l'astre étant oint de salive ou d'une huile, le petit bout de doigt s'introduit extrêmement lentement. C'est un petit bonjour en passant. Le doigt est à peine coquin : des micromouvements pour dire son bonheur d'être reçu. L'astre, toujours surpris doit se faire à cette sensation puis se détend et apprécie l'intériorité et la force de cette caresse.

Mais il ne s'agit pas d'y séjourner, l'heure est à la fesse et plus précisément au sillon interfessier qui, ayant connu des flatteries digitales, voudrait goûter aux buccales et en particulier à celle de la langue. Celle-ci n'écoutant que son bon cœur entreprend de taquiner, lisser, lécher les versants internes des fesses, commençant par le haut et descendant progressivement jusqu'à atterrir immanquablement sur l'astre. Toujours très curieuse et insatiable, la pointe de la langue le titille subtilement puis y pénètre insolemment. L'homme n'a rien à dire, il n'a qu'à jouir, son plaisir est si fort que ses fesses tremblent, que son corps frissonne, que sa respiration halète. Alors, la femme s'allonge sur le dos de son homme, le recouvre entièrement et se met à lui mordre la nuque, à lui souffler de l'air chaud dans le cou, à lui poser des baisers brûlants dans le haut du dos et sur les épaules. L'homme sent les crins du mont de Vénus crisser sur ses fesses, les chatouiller. La femme fait rouler de plus belle son pubis sur les fesses de l'homme, tandis que ses dents vont mordre le lobe de l'oreille gauche du mâle.

Un mâle qui n'en peut plus, qui se retourne d'un bloc faisant glisser la femme sur le côté, puis l'escalade et la recouvre à son tour avidement, joyeusement. La femme sent sur elle le pénis qui a pris des allures d'Obélisque. « Du calme mon ami, il ne s'agissait que de simples caresses. »

LES ROYAUMES DE LA LANGUE

Il y a sur le corps de l'homme quelques endroits où la langue fait des merveilles. À caresses subtiles, plaisirs exquis. À offrir aux hommes raffinés qui savent le déguster. Et qui en perdront la tête.

Les oreilles

Les oreilles sont faites pour la langue et la langue pour les oreilles. Mais ne vous précipitez pas d'emblée dans le creux de la conque, le plaisir est trop vif pour un début. Commencez par le pourtour du pavillon : passez la pointe de la langue le long de son bord, côté convexe, c'est-à-dire à l'extérieur du garde-boue, faites plusieurs passages. Refaites de même le long de son rebord concave, c'est-à-dire à l'intérieur du garde-boue, faites-le plusieurs fois. Toujours de la pointe linguale allez faire une excursion sur la face externe du pavillon, dans l'interstice entre oreille et tempe ; donnez-y quelques coups de sonde de la pointe de la langue ou suivez lentement le sillon sur la ligne d'attache.

Vos pas vous mèneront forcément sur le lobule de l'oreille. Avec votre langue passez dessus, passez dessous, c'est délicieux. Avec la pointe de votre langue, amusez-vous à le balancer en avant, en arrière. Puis prenez entre vos lèvres ce morceau de choix et sucez-le : c'est une sensation irrésistible de chair tendre, flottante, fraîche. Sensation irrésistible aussi pour l'homme que des vagues de frissons submergent des pieds à la tête. L'excitation croissante de l'homme stimule l'appétit de la femme qui alors prend le lobule entre ses dents, le mordille, le machuque. L'homme se débat, la tête lui tourne, toute sa peau se couvre de chair de poule, des vagues de frissons hautes comme des immeubles s'abattent sur son corps.

« Grâce, grâce, arrête ! » supplie l'homme. N'arrêtez pas, serrez les dents sur le lobule, l'homme ne pourra pas se dégager. Demandez-lui, la bouche pleine : « Est-ce que tu aimes ? » – « Oui ! » répond-il – Vous rétorquez : « Dis : je t'aime ! » – Lui : « Je t'aime ! » – Vous : « Je t'aime fort ! » – Lui : « Je t'aime fort ! » – Vous : « Fort comment ? » – Lui : « Zut ! »

Alors, vous lâchez son lobule et au moment où il croit être quitte, vous plantez la pointe de votre langue dans le trou de sa conque, autrement dit le conduit auditif, bien au fond et vous titillez sans relâche. Il se débat, qu'importe il jouit. Farfouillez tout l'intérieur de la conque. Il redemande grâce, n'arrêtez pas. Prenez son oreille entière dans votre bouche, sucez-la, machuquez-la, entre langue et palais. Je vous laisse inventer les suites de cette tendre guerre.

N.B. : Ne faites jamais de baiser dans l'oreille, sauf extrêmement fin, ne parlez jamais dans le creux de l'oreille sauf très doucement. Le contraire pourrait infliger des douleurs très vives.

Les plis, c'est exquis

Plis des coudes, plis des poignets, plis derrière les genoux, plis sous les fesses, les plis sont des mines de plaisir. Votre homme est haltérophile. Sur ses bras et avant-bras saillent de sacrés muscles. C'est l'homme d'acier qu'un quintal d'acier n'effraie pas. Mais vous, vous savez où sont les défauts de cette cuirasse ou plutôt là où sont demeurées ses zones d'exquise sensibilité, pour son plus grand bonheur. Parmi elles, il y a les plis de ses coudes et de ses poignets déjà admirés au chapitre précédent. Voyons ici ceux derrière ses genoux et ceux sous ses fesses.

Les plis derrière les genoux

Ils présentent aussi le contraste d'une zone très sensible au centre d'un membre puissant. Qu'y a-t-il de plus fort que les colonnes qui portent le corps, le déplacent dans sa marche, le propulsent dans la course. Mais qu'y a-t-il de plus friand de frissons ? Et qu'y a-t-il de plus tentant à caresser ? Voici. Un homme qui, se reposant couché sur le ventre, offre à la vue les fameux plis des genoux. Son aimante ne peut laisser passer l'occasion de le faire frissonner.

D'une main, elle fait un premier passage sur l'arrière du membre. Elle commence par le mollet, c'est velu, c'est noueux, c'est sauvage, ça émoustille l'aimante. Elle tâte le triceps, elle passe ses doigts dans les poils. Puis elle remonte dans le creux du genou dit « creux poplité ». Quel contraste ! C'est glabre, c'est plat, c'est calme. Et ça paraît attendre. La main traverse les plis lentement, en apprécie la douceur. Les plis commencent à se réjouir, mais ils attendront bien encore un peu, il faut aussi visiter et caresser les cuisses. Fermes, hirsutes, larges, elles attirent aussi la main. Ses doigts se faufilent entre les soies, les ongles grattent entre les racines.

L'ensemble du membre reconnu, la femme revient se recueillir sur le creux poplité. Posément, lentement elle effleure les plis qui aspiraient tellement à être touchés, flattés. Des frissons passent sur ce membre comme une brise sur l'herbe des marais. L'homme soupire, la femme chantonne, tous deux se délectent. Maintenant les ongles entrent en piste, griffant tantôt subtilement, tantôt plus profondément, en tous sens. Après ces taquineries aériennes ou pointues, il est agréable de passer une pleine main arrondie, moulée sur le cylindre du membre, sur le dôme poplité et de déborder sur le pilier de la cuisse et sur le fuseau du mollet. Et de donner de ci, de là une petite pression entre pouce et grands doigts.

Il arrive toujours un moment où la bouche réclame son dû et où la peau pleure après la bouche. L'aimée se penche et pose ses lèvres sur les plis. Ceux-ci jubilent aussitôt. Au pays des muscles, au pays de la force, là est le lieu de la finesse. Le membre qui d'habitude porte et emporte, à cet instant se recueille et se laisse envahir de douceur. La femme sait son attente et le couvre de baisers. Puis, plus orfèvre encore, elle sort la langue et en touche un pli puis un autre. Agacé, l'homme se trémousse et murmure de plaisir. Pour l'apaiser quelque peu, la femme parcourt tout le membre d'une large main, le pressant, le palpant. Puis elle reprend ses insoutenables léchettes, mais l'homme s'énervant à nouveau, pour le calmer, elle promène cette fois sa bouche aux lèvres éversées selon le même trajet, en dépit des poils qui grattent les tendres muqueuses.

Alors, l'homme se retourne, pivote et saisit la femme entre ses jambes, tandis que ses bras impératifs l'attirent sur lui, comblant la femme qui, au terme de tant d'émoustillements, souhaitait ce fort corps-à-corps.

Les plis sous fesses

Entre fesses et cuisses voyez ces plis. Ils n'ont pas l'air excitants, pourtant, ce sont les plus terribles. La peau en-deçà et au-delà est d'une incroyable sensibilité. L'effleurer de l'extrême bout des doigts, met un homme comme sur un gril, si on en croit ses gigotements et ses prières d'arrêter. Il faut qu'il cesse de se défendre, qu'il se mette dans un état de réceptivité, d'acceptation, alors, il pourra profiter pleinement de ces délices, les savourer et savourer la suite. Voici que la femme porte la pointe de sa langue sur les plis et y joue de joyeuses partitions. Puis, l'aimante, d'un doigt plus ou moins innocent, suit le pli lorsqu'il descend à l'intérieur de la cuisse où, non loin, se trouvent des voisins prestigieux : le périnée avec les bourses l'avant et l'astre anal à l'arrière. Pour leur dire simplement bonjour, mais ce bonjour-là vaut le détour.

Les plis des paupières

Les paupières fermées adorent être parcourues par la langue. Soit la langue taillée très fine, passe et re-passe sur leur bord cillé, sur leur convexité et dans le creux sous les sourcils. Soit la langue étalée lèche largement l'ensemble. La langue aime le contact de la peau fine de la paupière, la paupière aime la cha-leur mouillée de la langue.

Chapitre III

LES CARESSES

ALENTOUR

Les caresses alentour que j'appelle du « deuxième cercle » concernent les abords immédiats du pénis, c'est-à-dire tout ce qui est alentour : le bas du ventre, le pubis, les cuisses, les bourses et les testicules, le périnée, les fesses et la marge de l'anus.

Les hommes déplorent que trop de femme sautent sur leur pénis sans autre forme de préambule. Sans doute paient-ils leur réputation, de nos jours dépassée, de « ne penser qu'à ça », c'est-à-dire à leur sexe et à la façon de l'introduire dans les meilleurs délais dans le vagin de leur amie. Maintenant que les femmes osent prendre des initiatives et être actives, certaines agissent comme les hommes l'ont fait pendant des siècles : elles vont droit au but.

Et si on passait un contrat entre nous, les femmes et les hommes ? Sauf urgence commune débouchant sur un joyeux coït à la hussarde (surexcités, haletants, on se renverse, on se prend), convenons de ne pas « attaquer » d'emblée le sexe de notre partenaire, mais de toujours passer par le troisième cercle ou au moins par le deuxième. C'est de l'intérêt de chacun et son souhait aussi. Il y a à cela trente-six raisons : c'est meilleur, ça nourrit de plaisir l'ensemble du corps, ça fait circuler l'énergie des pieds à la tête, ça renforce l'excitabilité et l'intumescence des organes sexuels, ça augmente la durée de la relation charnelle, ça double le volet sexuel d'un volet sensuel auquel tous les sens participent, ça multiplie les échanges entre les partenaires et ça renforce les liens entre les amants.

Et puis un corps ne peut se réduire aux quelques centimètres carrés des organes sexuels, les êtres ont aussi un visage, un dos, des pieds… qui réclament d'être touchés, caressés, cajolés.

VENTRE D'HOMME

Admiratif du ventre féminin, je conçois bien l'émotion d'une femme devant l'abdomen de l'homme. De forme globalement carrée, recouvert d'une toison, sous-tendu de muscles aux bords linéaires, il évoque plutôt la force et l'animalité. C'est pourquoi la femme y avance une main aussi avide que craintive, comme envers un fauve. Elle effleure prudemment la toison, tourne dessus en cercles, se laissant agréablement chatouiller la paume par les poils, mais n'ose guère descendre plus bas que l'ombilic. Belle délicatesse que l'homme apprécie. Enfin, elle pose franchement la main à hauteur d'estomac, la laisse quelques instants immobile à sentir monter la chaleur de la chair mâle, puis la promène aux alentours. Le pelage glisse sous ses doigts. Elle s'enhardit et descend jusqu'à l'ombilic qui l'émeut. Alors, elle ose explorer le ventre dans tous les sens, faufilant ses doigts entre les boucles…

À cet instant le pénis commence à se déployer. L'aimée suspend ses caresses et le regarde croître. Sa main est prise d'une lancinante envie de gagner le pubis et de saisir la verge à sa base. Mais chaque chose en son temps, il faut résister au phallocentrisme et à l'automatisme des manifestations érotiques masculines et tout goûter du deuxième cercle.

Alors, tout en surveillant l'irrésistible érection du phallus, elle reprend son périple sur l'abdomen, effleurant, griffant, pinçant la peau, palpant les muscles. Mais partout et toujours, la bouche a envie d'appréhender ce que la main vient de connaître. Voilà que l'aimée se courbe, baise l'ombilic, décoche une pointe de langue en son creux. Mais tout cela est bien trop poilu pour les tendres muqueuses de ses lèvres et de sa langue. Par contre, cette verge effrontément tendue, cette chair lisse et palpitante dressée vers son visage appelle sa bouche.

Mais il ne faut encore rien précipiter. Au contraire, il faut faire durer le plaisir des alentours. C'est le jeu, le plus merveilleux des jeux.

Pubis et cuisses de mâle

Alors sa main gagne la petite motte du pubis, socle de la colonne pénienne. Elle y joue à effleurer et à effilocher les poils, à gratter l'humus à leurs racines. Immanquablement elle frôle le pénis, mais résiste encore à le prendre à pleines mains. « Patience mon beau, mon fringuant, tu ne perds rien pour attendre. » Le fringuant a compris et s'apaise quelque peu.

Alors la femme d'une main incite l'homme à écarter largement les cuisses. Aussitôt s'offre à sa vue tout le panorama de l'intimité masculine et tout l'Éden érotique du mâle : l'intérieur des cuisses, les bourses, le périnée et au creux des fesses, l'astre anal. Un arôme aux senteurs multiples monte de ce paysage et trouble un peu plus la femme.

Dans sa main gauche l'aimante rassemble les bourses et leur précieux contenu, les testicules, et les tire doucement vers la gauche afin de dégager la face interne de la cuisse droite. Elle sait bien que la peau y est d'une finesse et d'une sensibilité exceptionnelles. Les doigts le sentent aussitôt et s'appliquent à lui offrir des caresses exemplaires : doux effleurements de pulpe, raies taquines et autres affriolances ; ils n'oublient pas de visiter le sillon entre le haut de la cuisse et les bourses, sillon particulièrement amateur – et créateur – de sensations fines.

Les fameuses bourses

De la cuisse aux bourses, il n'y a qu'un petit pas. C'est donc au tour des « valseuses » (c'est de l'argot mais l'image est élégante) d'accueillir les câlineries. La main gauche de l'aimée qui les tenait, les libère pour se saisir maintenant de la verge et la tirer vers le haut : il s'agit cette fois de dégager les bourses et de les remonter pour les bien présenter aux caresses et aux baisers. De la main droite l'aimante se met à effleurer le scrotum – la peau des bourses –, à le pincer et à le palper entre pouce et index, à le tirailler doucement. Peau très élastique, très extensible, elle se prête à tous ces jeux, sous réserve de ne pas attenter aux délicates boules, qu'elle contient.

Une idée géniale vient à l'aimante : penchant la tête, elle se met à lécher cette remarquable peau. D'abord petites léchettes, qu'elle disperse sur toute la rondeur, sans oublier – c'est très exquis – les interstices entre bourses et cuisses. Ensuite grandes lèches du plus large de la langue sur toute la surface du scrotum. Voilà quelque chose de particulièrement jubilatoire : impression très spéciale, très réjouissante, suave, râpeuse, mouillée, chaude. On sent que les testicules au fond de leur nid apprécient. Pourquoi ce bonheur instinctif ? Réminiscence d'une mémoire animale ? Tous les petits des mammifères ont eu le périnée et ses émonctoires soigneusement léchés par leur mère…. Béni soit qui bien y pense.

Le moment est venu de s'occuper des précieuses boules. Avec une extrême délicatesse. D'abord quelque chose de tout simple à faire et qui remplit l'homme de bonheur : prendre, ramasser dans une main l'ensemble bourses-testicules et les tenir fermement mais doucement. L'homme en éprouve un bien-être, une détente incroyable. Comme si ses testicules étant bien soutenus, bien réchauffés, bien protégés, bien reconnus, tout allait bien pour lui. Alors, puisque vous n'avez rien d'autre à faire pour le rendre heureux que de les tenir, tenez-les-lui tendrement.

Ensuite, l'aimante peut les masser de son mieux. Attention, faut-il le répéter, rien n'est plus sensible qu'un testicule : toute pression excessive, toute manipulation vive, a fortiori tout heurt sont extrêmement douloureux. Masser oui, mais avec des doigts de fée, comme s'il s'agissait de bulles de savon. Cela dit, n'hésitez pas à le faire : ça stimule la sécrétion des spermatozoïdes, de la testostérone et subséquemment la libido, la virilité, en un mot, l'énergie vitale. Faites rouler les testicules entre vos doigt, sans les tordre, faites-les rouler sous la paume de vos mains sans les presser. Pour être à l'aise, veillez à ce que les cuisses de votre aimant soient bien écartées.

Vos caresses seront spontanément facilitées par la contraction, sous l'effet de l'excitation, des deux groupes de muscles inhérents aux bourses : les dartos, qui ramassent le scrotum, et les crémasters, qui tirent les testicules vers le haut.

LES TESTICULES

Ce sont les glandes sexuelles de l'homme. Elles sécrètent la testostérone, hormone mâle, qui passe dans le sang et donne à l'homme sa masculinité ; et les spermatozoïdes, ou gamètes mâles, en suspension dans un liquide, le liquide séminal, qui eux gagnent les voies sexuelles : les canaux déférents, la vésicule séminale et l'urètre.

Les testicules ne se vident pas, ni ne se rétractent à l'éjaculation car le liquide séminal qu'ils sécrètent ne s'y accumule pas, mais gagne au fur et à mesure de sa sécrétion les vésicules séminales qui lui servent de réservoir. Le sperme est constitué des spermatozoïdes et du liquide dans lequel ils baignent, fait du liquide séminal sécrété en petite quantité par les testicules, auquel s'ajoute celui sécrété en quantité plus grande par la prostate et par les vésicules.

Les testicules sont contenus dans un sac de peau : « les bourses » ou « scrotum ». Cette peau est doublée de fines lames musculaires – les « dartos » – qui en se contractant ramassent et remontent les bourses et leur précieux contenu, les testicules. Les dartos se contractent sous l'effet du froid, pour mettre au chaud les bijoux ; de la peur, pour mettre à l'abri les dits « bijoux » ; de l'excitation érotique directe (par les doigts, les lèvres, la langue) ou indirecte (des titillations appliquées en tous points du corps) pour soustraire les testicules aux balancements.

Au pôle supérieur des testicules se trouve un muscle en forme de cordon qui rattache ce pôle au périnée : le crémaster. Sous les mêmes influences citées ci-dessus (le froid, la volupté, etc.), ce muscle se contracte et remonte les glandes. Voilà un fait que devraient bien noter les femmes : quand les bourses de leur amant se resserrent et que leurs testicules remontent c'est que l'éjaculation n'est pas loin. C'est un signe avant-coureur de l'éjaculation dont elles feront bon usage : se préparer à l'orgasme de leur homme ou au contraire cesser de l'exciter si l'éjaculation n'est pas souhaitée. Si l'éjaculation ne se produit pas, les testicules redescendent.

Différents facteurs provoquent le relâchement des muscles dartos et crémaster et donc la redescente des testicules et le retour à la flaccidité des bourses : une baisse de volupté, la détente d'après-orgasme et la chaleur.

Les testicules sont extrêmement sensibles : toute pression, tout contact brutal provoquent une douleur. Un coup violent peut entraîner une douleur extrême et une perte de connaissance.

LES POINTS SECRETS DU PÉRINÉE

Le périnée est l'espace compris entre la base de la verge et l'anus. Il est en partie masqué par le scrotum (la peau des bourses), qui s'y attache. Mais, les doigts le palpent bien à travers cette peau. Toute la surface du périnée est sensible et agréable à toucher, mais il faut appuyer assez fortement. Trois points sont particulièrement aimables : le point A, le point B et le point H (voir schéma).

Le point A, comme je l'ai appelé dans *Le traité des caresses*, se trouve à la face inférieure de la verge, un peu avant son implantation sur le périnée. Pour le repérer et le stimuler il faut presser nettement avec la pulpe du médius en la faisant rouler et tourner sur la profondeur. À un moment la pression déclenchera une sensation plus agréable, là est le point A. Il correspond au corps spongieux. L'intérêt de cette stimulation est de provoquer une érection ou de la renforcer.

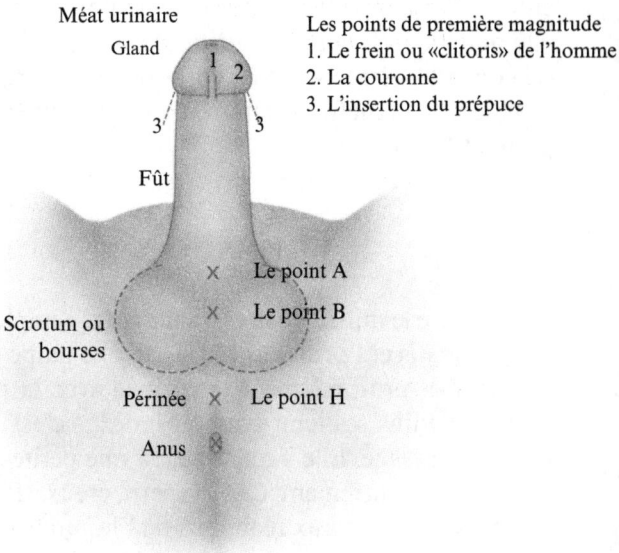

Méat urinaire
Gland

Les points de première magnitude
1. Le frein ou «clitoris» de l'homme
2. La couronne
3. L'insertion du prépuce

Fût

Le point A

Le point B

Scrotum ou bourses

Périnée × Le point H

Anus

LES POINTS ÉROTIQUES DE LA VERGE

Le point B *(Le traité des caresses)* se situe un peu plus en arrière, dans la racine de la verge. Il correspond à l'extrémité interne du corps spongieux, là où il s'ancre dans le périnée. Pour l'exciter, il faut appuyer avec la pulpe d'un ou de deux doigts, fermement et par petits coups comme sur un bouton de sonnette ; ou bien faire rouler les doigts sur la racine qu'on sent saillir ; cette stimulation tient plus du massage que de la caresse. Elle provoque également un renforcement de l'érection.

Encore plus en arrière, à mi-distance entre la base de la verge et l'anus est une zone plus intéressante encore. On l'appelle « le point G de l'homme », ou « le point P » (P comme prostate) ou « le point H » (H comme homme selon une proposition de Brigitte Lahaie). Comment la femme peut-elle repérer ce point et le caresser ?

LE POINT H

Qu'elle vise le milieu de la distance entre l'implantation du pénis et l'orifice anal ; là, qu'elle palpe franchement et profondément le périnée avec la pulpe de son médius soutenu par son index – c'est aussi un vrai massage. Elle y rencontrera une petite zone, dépressible, autrement dit un petit creux. Elle se fera très attentive aux réactions de l'homme ; celui-ci se mettra à l'écoute fine de ses sensations et sera prêt à les manifester lisiblement. Au moindre petit « tilt » de l'homme, la femme saura qu'elle est sur le bon point. A l'avenir, ça sera plus facile car plus il aura été stimulé, plus le point sera chatouilleux. Pour l'instant, que la femme entreprenne d'exciter le point qu'elle a décelé en y exerçant toutes sortes de pression : pressions alternées en intensité (les unes fortes, les autres plus subtiles), pressions alternées en extensives (pressions ponctuelles sur place, pressions en petits cercles). Quand ses doigts fatiguent, elle peut les relayer par la paume de la main, voire par le poing, avec souplesse toutefois. Elle réglera ses gestes en se fiant aux expressions de son homme et à sa propre intuition.

La stimulation est très agréable. Elle peut même, après beaucoup d'entraînement et en associant d'autres stimulations (comme nous allons le voir) procurer des orgasmes. Pourquoi ? Parce que la prostate se trouve un peu au-dessus, à la verticale et que cette glande a une chair sensible et est pourvue d'un potentiel orgasmique. La difficulté est, qu'entre votre main et la glande il y a une bonne épaisseur de tissu (la peau assez épaisse et un tressage de muscles qui constitue le fond du bassin). La solution : appuyer très fort, comme du reste vous l'avez fait. On a pu dire que ce geste était un massage indirect de la prostate.

Au diable l'avarice : à ces caresses du point H, l'aimante pourra associer d'autres caresses qui amplifieront les joies de son homme, le propulsant dans l'allégresse. En effet, et comme toujours en matière de volupté, un plus un n'égale pas deux mais égale dix. Les plaisirs ne s'additionnent pas mais se multiplient. Bienheureuse arithmétique de l'érotisme et de l'amour. La femme associera par exemple une caresse-massage du point A ou du point B. Ou bien encore une caresse de la zone anale. Mais bien sûr c'est en associant une stimulation du pénis qu'elle procurera à son homme le plus extrême plaisir.

De ce pénis, qu'elle fasse ce qu'elle veut, qu'elle le prenne en main, qu'elle le prenne en bouche mais toujours elle devra s'efforcer de coordonner les stimulations du pénis avec celles du point H, et cela sur un rythme plutôt lent. Cette association est particulièrement recommandée pour les hommes débutants, le plaisir ressenti au niveau du pénis renforçant les sensations ressenties au niveau du point H. En tout cas il ne faut pas mener l'excitation pénienne jusqu'à l'éjaculation, sinon en vertu de la phase réfractaire, le pénis se met au repos et c'en est fini du travail d'association entre point H et pénis. Il faut donc arrêter la stimulation de la verge au point d'imminence de l'éjaculation, avant le point de non-retour, et ne la reprendre que le danger passé. Ce qu'il faut, c'est maintenir l'excitation pénienne à son stade en plateau pour qu'elle soutienne l'excitabilité du point H. À la longue, celui-ci se montrera de plus en plus excitable jusqu'au jour où il révélera son potentiel orgasmique. Patience, constance, écoute de son corps, écoute de celui de son partenaire et un jour mon orgasme viendra… et se répétera, car cet orgasme sec a la faculté de se renouveler.

Ajoutons que pour vous femmes, le « travail » sur le point H vous donne l'occasion d'offrir beaucoup de plaisir à votre aimé et de l'avoir à votre merci : entièrement remis à vous, tout jouissant entre vos mains, vous en êtes le maître : avant l'orgasme, il vous supplie de ne pas arrêter, à l'orgasme, il hurle que vous pouvez faire de lui ce que vous voulez. N'en abusez pas !

Pour les Orientaux, le périnée était le siège du Chakra de base, ou premier Chakra. Ils le situaient en arrière, juste devant l'anus. C'est lui qui détenait la plus forte énergie. Pour le stimuler, les tantrikas utilisaient, entre autres, une balle de bois sur laquelle ils s'asseyaient. En revanche, quand ils voulaient se relaxer, c'est un massage du périnée qu'ils pratiquaient. Il est vérifié que ces massages procurent une profonde détente.

DES FESSES À L'ASTRE

Puisque vous êtes dans la région périnéale, n'hésitez pas à faire un détour vers l'arrière-pays. Un détour soft comportant quelques menues réjouissances. L'homme étant toujours allongé sur le dos, cuisses écartées largement et pliées, vous pouvez aller de la main palper ses fessiers, les effleurer d'une pulpe douce, les griffant d'un ongle superficiel.

Insensiblement vous abordez l'étroite vallée qui mène à la marge de l'anus. Ici la peau est sensible et toujours prête à délivrer des bonheurs de sensations. Il suffit que vous la titilliez de l'extrémité d'un doigt pour faire réagir votre homme. Il aime beaucoup, mais comme il a toujours peur de passer pour un homo, il proteste. « Laisse faire, mon chéri, les mâles ont le droit d'aimer ça. » Il était prêt à serrer les fesses mais il vous a entendue et il se détend. Du coup, il apprécie : c'est vrai que c'est chatouilleux et même plus.

Alors, subrepticement, vous descendez sur l'astre anal. Fait de fins plis radiaires correspondant aux plissements de la peau resserrée par le sphincter comme par les cordons d'une bourse, l'orifice anal ressemble à un astre. Arrivée sur les rayons vous faites des petits signes avec la pulpe d'un doigt. Si votre homme paraît toujours apprécier, offrez-lui le grand cadeau : après lui avoir fait un gros baiser sur chaque fesse, vous allez poser votre bouche à l'horizontal de l'anus, de vos deux mains vous écartez les fesses et vous décochez une langue effilée en direction de l'astre. L'homme se tend, c'est un peu fort pour lui, un peu gonflé de votre part. Mais il se relâche et alors, vous jouez du bout de votre langue sur tous les rayons astraux. Il ne peut plus rien, il est suffoqué, il râle mais de plaisir.

Mais ce n'était pas votre dernier mot. Tandis qu'elle léchotte l'orifice, votre langue y laisse de la salive. Alors, vous glissez une main dans l'interfesse, vous en détachez un doigt que vous dirigez vers la marge de l'anus et, tout en continuant de lécher, vous introduisez un doigt dans le canal anal, très très lentement, à la vitesse d'un millimètre par heure (j'exagère). C'est comme un tour de prestidigitation ; votre amoureux, c'est à peine s'il l'a remarqué. Une fois qu'il est serti dans le canal, arrêtez votre doigt sans même pousser dans l'ampoule rectale. Maintenant, votre homme a bien conscience de la présence de votre doigt et il en ressent un plaisir nouveau, insolite, solide, qui retentit jusqu'à son pénis.

Son pénis, justement, vous y retournez, pour conclure la séquence, tout en maintenant votre doigt dans l'anus. Et vous constatez que les bontés que vous offrez à l'avant sont amplifiées par celles que vous délivrez à l'arrière. Ainsi, se vérifie encore la loi de la multiplication des joies.

Entendez votre aimant qui vous rend grâce. Demain ou après-demain c'est lui qui vous mènera de caresse en caresse sur les chemins lumineux du bonheur des sens.

Chapitre IV

LE PÉNIS :

UN CHEF-D'ŒUVRE

Avant de passer aux caresses du pénis, un petit détour anatomique n'est pas inutile.

Le pénis n'est que la partie visible du système sexuel de l'homme qui comprend par ailleurs les testicules blottis dans les bourses, les canaux déférents, la prostate, les vésicules séminales et l'urètre prostatique. Le pénis est constitué de trois parties : la hampe ou fût, la base ou racine, et le gland.

Avant de détailler cette anatomie, décrivons la silhouette du pénis vue de l'extérieur : de profil elle est concave vers le haut autrement dit, il rebique un peu vers le haut dans un galant mouvement d'ajustement à l'orifice du vagin et à sa courbure. Vue d'en haut, c'est-à-dire du point de vue de son propriétaire, le pénis est légèrement incurvé vers la gauche.

La hampe

Elle est comprise entre la base et le gland. Elle représente les deux tiers du pénis. Elle contient trois « corps érectiles », des tubes qui en se gorgeant de sang deviennent fermes et rigides : deux « corps caverneux » et un « corps spongieux ». Les deux corps caverneux se situent au-dessus et s'alignent parallèlement l'un à l'autre comme les canons d'un fusil à deux coups (comparaison inspirée par la justesse de l'image et non par je ne sais quel esprit guerrier), le corps spongieux se loge en dessous et s'aligne parallèlement aux corps caverneux ; en son centre est l'urètre.

Ces trois corps érectiles sont faits de tissus érectiles. Nous verrons dans le paragraphe « érection » comment cela fonctionne.

La base

Elle se situe dans le périnée, cet espace entre pubis et anus qui constitue en quelque sorte le fond du bassin. C'est-à-dire qu'elle est invisible. Elle représente le tiers du pénis, véritable racine de celui-ci, elle s'insère sur les muscles abdominaux en haut et sur l'os du pubis en bas. Cette insertion est très solide. Invisible, la racine n'est pas impalpable ; en pressant avec la pulpe des doigts le périnée, à travers la peau des bourses, on sent un renflement longitudinal : c'est l'extrémité postérieure du corps spongieux. C'est du reste une zone érogène, dite « point A » (voir chapitre III).

LE GLAND

Il est fait du renflement du corps spongieux. C'est donc aussi un corps érectile ; il est toutefois moins dur que les corps de la hampe, il est même élastique. La nature l'a voulu ainsi pour offrir à la femme un contact plus sympathique.

Le revêtement du gland est constitué d'une muqueuse c'est-à-dire un tissu fin et non d'une peau ordinaire, kératinisée, ce qui explique sa couleur rouge – le sang affleurant est visible – et son extrême sensibilité – ses capteurs sensitifs affleurant aussi sont presque à nu. Parmi ces capteurs figurent en tête les fameux corpuscules de la volupté, les corpuscules de Krausse. C'est le seul endroit du corps qui en possède, au même titre que le clitoris. Ils sont au nombre de 8 000. La couronne du gland – ce bourrelet circulaire qui saille à sa base – et le frein – ce « filet » qui, à la face inférieure du pénis se tend entre gland et fût – sont particulièrement riches en corpuscules voluptueux, ce qui les rend d'une exquise sensibilité. La moindre stimulation avec les doigts ou avec la bouche provoque chez le mâle un plaisir extrême.

LE PRÉPUCE

C'est le repli de la peau, ce capuchon qui recouvre et protège le gland. Il arrive que sous lui des sécrétions stagnent et favorisent des infections : infections locales de la peau du gland, infections remontantes des voies urinaires et infections de type IST (infections sexuellement transmissibles). Il arrive aussi que des adhérences s'installent à ce niveau. Il arrive enfin que le prépuce se resserre à son extrémité, rendant le décalottage et donc le nettoyage impossibles : c'est le phimosis. Une opération est nécessaire – une posthectomie – qui consiste en l'ablation du bord libre du prépuce, en veillant à laisser assez de peau pour que le gland soit toujours abrité.

Certaines religions, comme le judaïsme et l'islam, ordonnent l'ablation de la totalité du prépuce : c'est la circoncision. C'est une prescription contenue dans les textes sacrés. On la justifie aussi par des raisons hygiéniques. Mais, nous venons de le voir, il suffit pour prévenir les infections et les adhérences de pratiquer régulièrement le retroussement et le lavage.

L'ÉRECTION

Le principe de base de l'érection est simple : il s'agit de remplir d'un liquide sous pression – le sang – un tuyau clos – le pénis – fait de tissus érectiles, un tissu érectile étant un tissu vasculaire apte à se gorger du sang. En vérité, la réalisation d'une érection est un phénomène extrêmement complexe, subtile et admirable.

« Spongieux », le nom même des corps érectiles livre un premier enseignement : l'un de ces corps est structuré comme une éponge, c'est-à-dire fait d'alvéoles ; appelés « caverneux », les deux autres corps sont faits de petites cavernes. Alvéoles et cavernes sont des cavités, ainsi les deux sortes de corps ont la

même structure : ce sont des accumulations de minicavités ou petits sacs de l'ordre de 3 millimètres ;
il y en a des centaines de mille.

Chaque minicavité est pourvue d'une miniartère
qui lui apporte le sang, et d'une miniveine qui l'évacue.
Quand une excitation se produit, la miniartère se dilate
et son débit augmente mais la miniveine se ferme in-
terdisant au sang de sortir. Résultat : le sang est coincé,
trappé dans la minicavité qui se met à gonfler ; mais
ce gonflement est limité par l'enveloppe rigide qui entoure le pénis – l'albuginée. Donc le sang afflue mais
comme la cavité ne peut plus s'expanser, sa pression
augmente et accroît la raideur du tissu érectile. C'est le
principe de la chambre à air et du pneu qui l'entoure :
si on gonfle la chambre à air, mais que son expansion
est contenue dans le pneu, la pression et la dureté de
l'ensemble vont croître. CQFD.

Il faut savoir (car ce sera la base du traitement
des impuissances par le « Viagra et consorts », que
la membrane qui tapisse les minicavités – l'endothé-
lium – sécrète du monoxyde d'azote (NO) et que
c'est une substance qui crée la vasodilatation des
miniartères et des minicavités en provoquant le relâchement des fibres musculaires lisses des vaisseaux.

UN SYSTÈME AUTONOME

L'érection est gérée par « le système nerveux autonome » fait du « système sympathique » et du
« système parasympathique ». Le sympathique
commande la flaccidité : il détermine la vasocons-

triction de l'artériole afférente à la cavité, ce qui réduit le sang contenu dans celle-ci et la dégonfle ; le médiateur chimique du sympathique est la noradrénaline, notez-le bien. Le parasympathique commande l'érection : il détermine la vasodilatation de l'artériole qui se rend à la cavité, ce qui accroît l'afflux de sang dans celle-ci et la gonfle ; le médiateur chimique du parasympathique est l'acétylcholine.

En dehors de l'excitation, le sympathique l'emporte, il existe un tonus sympathique permanent qui maintient les minicavités flasques (et donc la verge molle). En cas d'excitation, les stimulations sexuelles éteignent le tonus sympathique et c'est la parasympathique qui prend le dessus entraînant la turgescence des minicavités (et donc de la verge).

La peur, le stress, le froid provoquent une sécrétion d'adrénaline – médiateur chimique du sympathique – par les glandes surrénales, ce qui rend l'érection impossible.

La volonté ne peut commander à l'érection, phénomène entièrement placé sous la gouverne automatique du système nerveux autonome.

Qu'est-ce qui fait bander ?

Il existe d'innombrables circonstances qui provoquent l'érection. La plus évidente consiste à appliquer un stimulus sur la verge (caresse du 1er cercle) et spécialement sur les points les plus sensibles du gland : le frein et la couronne.

Mais l'érection peut s'obtenir aussi en stimulant tous les points du corps (caresses du deuxième et du troisième cercle). On sait qu'étreindre une femme ou même simplement lui prendre la main peut faire ériger le pénis. Bandant dès qu'on le touche, l'homme a toujours promptement envie de faire l'amour même si sa partenaire ne l'envisage pas. C'est à l'homme, sachant que son érection est un réflexe automatique, à ne pas lui donner suite automatiquement.

Dans l'espace du troisième cercle, un contact est particulièrement érogène, c'est le baiser de bouche à bouche. Ici, l'excitation est toujours au rendez-vous, comme elle l'est aussi, du reste, chez la femme que le baiser fait mouiller.

Tous les sens de l'homme, quand ils sont stimulés, peuvent mettre le pénis en goguette : la vue d'une femme en chair ou en image, nue ou pas, montrée dans sa totalité ou en partie, a le pouvoir de déclencher une érection ; ainsi que les revues avec photos dites « de charme », les films pornos et les femmes qui s'effeuillent. Oui, les hommes sont des « visuels ».

La voix d'une femme peut aussi avoir un effet excitant, spécialement la voix de la femme désirée, ou la voix qui prend une intonation dite « chaude » ; voix plutôt lente, un peu grave, presque chuchotée, évoquant l'intimité, ses confidences, son plaisir.

Enfin, l'odeur d'une femme est tout à fait capable d'engendrer une bandaison aussi surprenante que subreptice. Les phéromones émises par une dame depuis ses multiples sites atteignant les narines de l'homme vont culbuter son cerveau archaïque à son insu. Et voilà le mâle soudain euphorique et bandant. Nous savons que les molécules odoriférantes sont les messagères les plus primitives et efficaces du désir : elles réveillent en lui son passé lointain d'animal préhistorique puis de chasseur préhistorique qui lui succéda.

Il y a même des cas où l'homme n'a nul besoin de ses sens (toucher, sentir etc.) pour avoir une érection, il lui suffit de se remémorer, d'imaginer, de rêver, de fantasmer. Cette érection est purement psychogène. On retrouve ici le triomphe de l'image car c'est bien des images qui nous reviennent ou qu'on fantasme, pas des odeurs ou des voix.

Plus étonnantes encore sont les érections nocturnes, qui surviennent de préférence en fin de nuit et qu'on appelle « réveil triomphal ».

Chapitre V

COMMENT CARESSER

LE PÉNIS

L e pénis a certes un rôle actif, rôle mécanique de bélier, destiné à pénétrer dans le vagin et à y exécuter des va-et-vient pour son plus grand plaisir et celui de sa compagne, mais il a aussi un rôle passif que je préfère appeler « réceptif » : accueillir et apprécier, ô combien, toutes les caresses qu'on pourrait lui prodiguer. C'est un organe très sensible et je ne parle pas seulement ici de sa sensibilité érotique mais aussi de son émotivité. Le caresser bien ne lui suffit pas, il faut l'aimer et même l'adorer.

N'HÉSITEZ PAS À L'ADMIRER

Adorer le pénis ? Oui, mais pas comme les hommes phallocrates l'exigeaient, c'est-à-dire en tant que phallus symbole de leur supériorité (alléguée) et de leur domination, en ces temps où ils s'étaient emparés du pouvoir et où ils avaient soumis la femme. L'adorer comme on peut le faire maintenant que nous sortons du patriarcat et de la guerre des sexes. Comme l'homme aimant le fait de la vulve. De nos jours, l'adoration de la femme porte sur le pénis comme emblème de l'autre pôle de l'Humanité qui est son complément, qui fait avec elle l'éternité de l'espèce et avec qui elle souhaite vivre en harmonie ; c'est le pénis comme signe particulier de l'être masculin avec qui elle connaît (et lui avec elle) le meilleur de ses bonheurs ; c'est le pénis comme attribut du mâle grâce auquel elle obtient les plus fous de ses plaisirs ; et aussi par l'apport de son gamète, la splendide tâche de perpétuer l'espèce. Adoration à charge de réciprocité, dans une parfaite égalité et dans un mutuel respect et une mutuelle reconnaissance. Avec tendresse.

Dans ce nouveau contexte adorer le pénis n'est nullement s'abaisser mais s'élever et élever la sexualité au niveau d'une relation admirable. Si un jour, emportée par l'amour et la volupté, vous déclarez : « Ô beau et fier pénis, symbole de l'homme, expression de toute la masculinité du monde, artisan de mon plaisir et de mon bonheur, je te rends hommage ! », eh bien, ce jour-là, vous vous grandirez. En plus, vous rassurerez l'homme car, de même que la femme ne veut plus être un objet sexuel, l'homme répugne à le devenir comme certaines amazones le lui font craindre.

Et puis vous savez bien, Mesdames, que le pénis, surtout le pénis qui vous aime et vous respecte, est vulnérable. Oui, le pénis est fragile. Alors n'hésitez pas à le complimenter, à l'admirer ; cette attitude humaine est aussi une attitude intelligente car, mis en confiance, le pénis vous le rendra au centuple. En tout cas, parler à son zizi, le bichonner, le flatter, le bécoter par simple tendresse fera fondre le cœur de votre homme en lui montrant qu'il n'est pas fait que pour bander. Et ça l'incitera à faire de même envers vous et votre « chatte » qui n'êtes pas faites que pour recevoir la bandaison.

Reste pour vous à apprendre les meilleurs gestes érotiques, les meilleures caresses à offrir à votre homme et à son pénis, comme vous aimeriez qu'il fasse pour vous et votre sexe.

D'abord assurez-vous de la verge : prenez le fût à pleine main, une main gourmande et fervente, tenez-le verticalement, tirez doucement la peau vers le bas pour dégager le gland de sa capuche prépuciale.

Le clitoris de l'homme

Il est une zone chez l'homme qui a l'exquise sensibilité du clitoris, c'est le frein du gland, ce petit « filet » tendu sous la verge, entre le bourrelet de la « cerise » et la hampe ; il est bourré de corpuscules de volupté de Krause comme l'est le bouton féminin et, comme lui, il est à peine touchable, surtout après quelque temps d'excitation.

D'abord, exposez-le bien en retroussant le prépuce et en le tirant vers le bas puis à vous de réaliser le chef-d'œuvre. Allez-y subtilement comme vous souhaiteriez que votre homme aborde votre clitoris. Mouillez la pulpe de votre index ou de votre médius et posez-le sur le filet. Ce simple contact procure une sensation extrêmement fine et extrêmement forte à la fois. Puis déplacez légèrement votre doigt ; de toute façon, l'étroitesse de la zone ne permet pas une grande amplitude. Faites des petits allers et retours dans l'axe du filet puis décrivez des mini-cercles. Alors, vous entendrez votre homme entamer quelques murmures de contentement qui iront très vite crescendo. Continuez sans vous presser de passer à autre chose ; il n'y a pas d'autre but que de faire durer le plaisir, là ou vous êtes.

Vous désirez maintenant faire gravir un degré de plus aux délices de votre aimé. Son filet étant maintenant rendu encore plus sensible, portez-y la langue. Qu'elle le léchotte lentement, longuement. Puis que sa pointe le titille, le taquine sur un rythme plus rapide. Puis, qu'elle alterne léchottes lentes et titillations rapides. Ensuite, que votre langue s'élargisse et lèche carrément et avec gourmandise le filet et la partie du gland qui le borde. Faites comme vous feriez à une boule de glace. N'oubliez pas de faire « Hum ! Hum ! » en dégustant. Alors, les murmures de votre homme monteront d'un cran encore et bientôt ses mains saisiront fébrilement la partie de vous qu'elles rencontreront : votre cuisse, votre hanche, votre taille, que sais-je, et en grifferont la peau ou y incrusteront leurs ongles.

Votre langue en œuvrant joyeusement et inlassablement a mis votre homme au supplice. Le bienheureux ne sait plus où il est. Ce qu'il ressent est à la fois plaisir aigu et douleur exquise. Bien entendu vos œuvres ont tendu son pénis comme la corde d'un arc et fait grimper son désir au zénith au point qu'il trépigne de vous pénétrer et vous le demande – « Por favor ».

Voilà donc que vous avez mis votre homme dans un état de belle exaltation en vous consacrant à cette terrible zone qu'est le frein. Il est bon de faire un break. Allongez-vous à côté de lui, ou mieux, sur lui. Vous sentez avec délices la tige dure et brûlante de son pénis s'imprimer sur votre ventre tandis que votre ventre apaise quelque peu le pénis en lui offrant une large pression. Puisque vous êtes grimpée sur votre homme, allez donner à ses lèvres un long et capiteux baiser, suivi d'une grêle de petits baisers sur sa frimousse. Vous lui susurrez d'une voie langoureuse, chaude et grave, venue du fond de votre gorge, des mots d'amour, des compliments. Tout cela par pur amour, par pure tendresse, mais aussi pour diffuser le plaisir et la tension de son sexe dans tout son corps.

Et vous retournez au pénis qui a un peu retrouvé ses esprits.

LA COURONNE DU BONHEUR

Alors vous entamez la seconde phase du merveilleux supplice : du frein à la couronne du gland, il n'y a qu'un pas, sautez-le. Si l'érection était un peu détendue, quelques petites léchettes sur le frein la relanceront sans délai. Le gland se rengorgeant comme un rouge-gorge en parade amoureuse, sa couronne – le pourtour de sa base – se surélève et saille nettement. C'est alors qu'il vous fait devenir orfèvre pour en tirer mille éclats de plaisir.

Suivez le plus saillant de l'arrondi d'une pulpe digitale mouillée et légère. Légère comme s'il s'agissait d'une bulle de savon. C'est un exercice subtil et passionnant qui réclame beaucoup d'amour et d'attention. Trop aérienne, la pression n'offrirait qu'un plaisir limité, trop forte elle pourrait provoquer un « plaisir douloureux ». Tournez donc votre doigt en écoutant les murmures de votre homme et en observant ses réactions – mouvements, mimiques, etc. Tournez lentement, tournez consciencieusement, tournez artistiquement. Faites du bon boulot comme vous aimeriez que votre ami fasse sur votre sexe. Évitez les ruptures de contact d'avec la ligne de crête. Ou bien, délibérément, faites des petits contacts en pointillés, en saut de puce.

Maintenant vous pouvez descendre de la crête pour aborder la zone intermédiaire entre la couronne du gland et le fût, zone où s'insère le prépuce. C'est à peine moins sensible, mais encore exquis et d'une tonalité intéressante de chair à cru ; que la pulpe de votre doigt en fasse et refasse le tour avec la même subtilité et une pression un peu plus appuyée. Elle peut aussi y faire des petites touches comme des pas de moineaux. Puis revenez à la couronne. Puis retournez à la zone d'attache du prépuce. Et ainsi de suite. Effleurez, sautillez, c'est le plaisir qui manque le moins. Voyez votre aimant : il est aux anges. Mais ce n'est rien encore ! Désormais c'est votre langue que vous allez charger d'une mission aussi délicate que terrible, véritable mise à la question : faire avec sa pointe sur la couronne, sur la crête précisément, ce que le pulpe du doigt avait fait, c'est-à-dire des tours, des retours, des sauts de puce… Déjà votre homme s'affole, mais ce n'est rien encore, je le répète.

Maintenant le plus pointu de votre langue va faire un véritable travail de joaillerie : elle va s'insinuer dans le très étroit espace entre les contreforts de la couronne et l'insertion du prépuce sur le fût. Au-dessus le versant à pic du bourrelet, au-dessous l'attache de la capuche, entre deux une peau à vif où affleurent sang et nerfs, une zone lagunaire où gîtent des myriades de plaisirs prêts à surgir. C'est d'ailleurs ce qui se passe : à peine la pointe de votre langue l'a-t-elle effleuré avec la prudence d'un écolo s'avançant dans une zone de nidification que des vols de voluptés s'en détachent. Affolement chez votre homme. Mais ce n'est toujours rien, je le re-répète.

Cette fois, au sommet de votre talent, de l'extrême pointe de votre langue vous allez ciseler une caresse digne de la guilde des diamantaires d'Amsterdam : votre langue, telle une fine guignette, va suivre le rebord abrupt et vertical de la couronne, côté fût, autrement dit va suivre le versant à pic lui-même. Les oiseaux qui alors prennent leur envol sont des oiseaux de feu. Aussi votre aimé, la tête remplie de battements d'ailes et de flammes, quitte la terre. Non sans laisser ici-bas les échos d'une musique dont on ne saurait dire si elle est mélodie ou complainte.

Ainsi fut fait

Sur le fût ou hampe, c'est la face inférieure qui est la plus sensible, en particulier le long de la ligne allant du frein du gland à la base d'insertion sur le périnée, ou racine, ligne qui d'ailleurs se marque sur la peau.

Vous qui aimez cet homme, commencez par le régaler avec des caresses de vos doigts, jouant de l'effleurement ou du griffement léger d'abord. Mais c'est en profondeur que vous éveillerez des plaisirs plus conséquents en appuyant nettement par petites touches le long de la ligne suscitée : chaque pression ponctuelle émet une note plaisante. C'est un peu comme si votre main, en parcourant le pénis, parcourait une flûte traversière. En vérité ce que rencontrent vos doigts c'est le corps spongieux, ce corps érectile qui s'aligne à la face inférieure du pénis. Pas étonnant que ça fasse du bien. Notez que parmi les touches pressées l'une correspond au point A décrit dans le chapitre III.

En prenant le relais de vos doigts, votre bouche courant le long de la face inférieure du pénis donnera mieux encore l'image d'une joueuse de flûte traversière : vos lèvres éversées et humides vont et viennent d'un bout à l'autre du rigide organe laissant des sillages de douces sensations. La langue, à son tour, de sa pointe ou de son plat saura se régaler le long du fût et régaler le fût.

Pour élever plus encore le niveau de vos connaissances allez donc piquer quelques idées dans le chapitre sur la masturbation (voir chapitre V).

COURS DE BRANLE

« Branler », dit le dictionnaire, c'est « mettre en mouvement, agiter, remuer » ; mais il ne cite pas la masturbation. Pourtant « branler » et « se branler » sont des termes consacrés et irremplaçables. Comme substantif correspondant, je retiendrai le « branle » car il est juste et joli ; du reste le « branle » était autrefois une danse où le danseur guidait les autres.

La grande plainte des hommes est que les femmes ne pensent pas, pas assez souvent, à leur faire le cadeau d'un branle. Et quand elles le font, elles le font mal. Leurs mains par exemple ne sont pas assez fermes, comme si elles avaient peur de faire mal. Ou au contraire trop brutales parce qu'à voir l'homme se servir de son pénis, on le croirait en acier trempé. À leur décharge, il faut dire que les femmes ne peuvent savoir bien user d'un organe qu'elles n'ont pas, de même que les hommes ne savent pas bien stimuler le clitoris dont ils sont dépourvus.

Avant même de se mettre à l'art du branle que les femmes demandent à leur homme de leur faire une démonstration en se masturbant devant elles et en commentant, comme j'ai, dans un autre ouvrage, conseillé aux femmes de s'autocaresser le clitoris devant leur homme pour leur apprendre l'usage du sacré bouton.

Tout geste érotique relève de l'art. Il faut chercher à offrir l'optimum à son (sa) partenaire et pour cela être attentif et s'appliquer. Bâcler est un manque de respect et d'amour. Bien faire est au contraire signe d'amour.

Vous voilà à pied d'œuvre. Si le pénis n'est pas droit comme la colonne Vendôme, stimulez-le par les adorables caresses ou les jolies léchettes précédemment décrites et il se raffermira ; ensuite les premiers mouvements de branle lui rendront toute sa prestance. Vous pouvez réaliser soit un manchon avec votre paume et vos doigts repliés, soit un anneau avec votre pouce et votre index replié. Faites alors glisser le manchon ou cet anneau le long du pénis de haut en bas et de bas en haut. En haut dépassez un peu la couronne, en bas, arrêtez vous au milieu du fût ; mais vous pouvez augmenter l'amplitude de vos mouvements par moments et descendre jusqu'à la base du pénis. Chaque fois que votre main descend elle entraîne vers le bas le prépuce, ce qui dégage le gland qui alors jaillit superbe, gorgé, renflé, rouge écarlate, véritable boule de feu.

Concrètement, ce mouvement de coulissement consiste à faire glisser la peau de la verge sur le gland en haut et en bas sur les corps érectiles sous-jacents (les deux corps caverneux au-dessus et le corps spongieux en dessous), corps intumescents et tendus que vous sentez de plus en plus brûlants et durs. Prenez garde à ne pas faire mal.

Quand votre main descend, elle entraîne avec elle le prépuce et en fin de course le frein – qui rattache le gland au fût – est étiré et si vous y allez trop fort, cela peut créer une douleur voire une déchirure au niveau du filet. Que vos yeux veillent à ce que le frein ne soit pas trop étiré et que vos oreilles guettent une plainte éventuelle de votre ami.

Quand votre main remonte, il arrive qu'elle laisse la peau du prépuce sur le fût et coulisse dès lors à nu sur le gland ; cette friction avec une main sèche d'un gland nu et sec également, peut être désagréable voire douloureuse. Veillez donc à ce que votre main ne lâche pas le prépuce sur le fût, mais au contraire qu'elle le remonte avec elle sur le gland afin que le frottement de celui-ci se fasse toujours à travers le prépuce. Si le prépuce est trop court (plus court que le gland) ou absent (circoncision), utilisez un lubrifiant pour favoriser le coulissement : huile d'amande douce, pommade de vaseline ou certaines huiles ou pommades spéciales sexe (Piment Rose : http ://www :pimentrose.biz BP 27, 06650 Le Rouret). Versez une once dans le creux de la main. Faute de lubrifiant, la salive dépanne.

Le branle peut se donner sans l'intention de provoquer l'éjaculation, comme une simple caresse ; dans ce cas les mouvements doivent être plus doux et plus lents et la femme vigilante aux signes d'imminence de l'éjaculation afin de s'arrêter à temps. Si l'intention est de faire éjaculer, c'est-à-dire de provoquer un orgasme, les mouvements seront plus énergiques et plus rapides ; toutefois la femme ne doit pas forcément conduire d'un seul élan et du premier coup son mâle à l'éjaculation, elle peut s'arrêter à la première phase de l'imminence, qui est en soi un plaisir intense, laisser passer le « danger » et reprendre le branle. Intérêt : offrir à l'homme plusieurs phases exquises d'imminence et faire monter son excitation en sorte que, quand se sera le bon coup, le plaisir de l'éjaculation soit considérablement accru.

PRÉCISIONS « TECHNIQUES »
OU LE SECRET DE L'ART

Quelle position pour la pulpe des doigts ? Quand votre main se place en manchon autour de la verge vous pouvez choisir de positionner vos pulpes digitales de façon à appuyer, c'est-à-dire à exciter, tel ou tel point sensible : sur le frein, sur le côté de la couronne, sur le dessus de la hampe, sur ses flancs, sur son dessus… changez de points alternativement.

Quelle pression appliquer ? Elle ne doit être ni trop forte, ni trop molle. Ferme voire vigoureuse mais mesurée. Demandez à votre homme si vous faites bien et priez-le de vous guider de la voix ou mieux de la main, sa main posée sur la vôtre. Si le but recherché est l'éjaculation, la pression peut être un peu plus forte, surtout au passage sur la couronne et un peu plus à l'approche de l'orgasme, sans toutefois étrangler le pénis.

Quelle amplitude donner ? Tout est possible : la course brève s'arrêtant à mi-fût et la course longue allant jusqu'à la racine, jusqu'au pubis. Si le but est la caresse, le massage, c'est la course longue qui est préférable, d'autant que sur la hampe sont des points jouissifs très bandants mais non aigus à en éjaculer. Si c'est l'orgasme qui est visé la course courte centrée sur les points exquis de la couronne est plus efficace.

Quelle vitesse ? Si le but est l'éjaculation le rythme sera progressif : d'abord lent puis, lorsque l'homme manifeste un plaisir plus intense – ses gémissements, ses gigotements et sa respiration en témoignent- il faut accélérer les mouvements et quand l'orgasme s'annonce, c'est-à-dire quand son plaisir semble atteindre une intensité majeure, il faut accélérer encore un peu, sans toutefois se déchaîner. Pour le projeter dans l'orgasme, allez-y franchement, branlez hardiment, serrez justement. Ici encore c'est l'homme qui devrait vous guider, au moins dans les premiers temps car par la suite vous devinerez tout de lui.

À ce point précis, voici quelques conseils en or qui feront la réussite de votre branle.

• Quand jaillit le sperme n'arrêtez pour rien au monde les mouvements de votre main, la maison devrait-elle s'écrouler. Vous pouvez tout au plus les ralentir et desserrer la pression. Arrêter en cours d'éjaculation et surtout au début, donnerait à l'homme le plus atroce sentiment de frustration qui soit car son plaisir cesserait aussitôt et son besoin infiniment aigu d'orgasme, un besoin porté à son apogée, resterait suspendu et ferait place à une affreuse, une insupportable impression d'inassouvissement qui peut tourner à l'enragement. Il faudrait que d'urgence une main secourable achève ce branle inachevé, la main de la femme maladroite ou inexpérimentée ou la main de l'homme en perdition. Mais il faut faire vite car l'orgasme coupé plus de quelques secondes ne pourra plus repartir et c'est là le naufrage du couple.

• Dès que cesse l'éjaculation, dès que la dernière giclée s'est produite, c'est-à-dire dès que vous ne voyez plus rien jaillir de l'orifice du gland, arrêtez vos mouvements car le gland est devenu hypersensible, quasi intouchable ; sa friction est carrément douloureuse. Tout est semblable à ce qui se passe pour le clitoris : pour lui aussi il ne faut pas arrêter les stimulations quand survient l'orgasme mais il faut les cesser quand l'orgasme est passé.

• N'abandonnez pas pour autant le pénis, maintenez-le dans votre main fermement mais pas trop serré ; c'est important pour l'homme de ne pas se sentir dans le vide mais au contraire bien tenu dans la paume de celle qui vient de lui offrir une si extraordinaire volupté.

Si le but est la simple caresse-massage, la vitesse de vos mouvements sera lente et ne devra pas s'accélérer. Le mieux est que vous vous guidiez sur le degré de l'érection : tant qu'elle se maintient c'est que le rythme est bon (ainsi que la pression) ; si elle retombe c'est que vous devez accélérer (et serrer plus fort). Mais surtout vous devez être vigilante à repérer la phase d'imminence de l'éjaculation et à ne pas atteindre le point de non-retour, ce seuil au-delà duquel le réflexe éjaculatoire se déclenche irrésistiblement. Attention, certains hommes « viennent » vite, très vite.

Rappelons les signes d'imminence, dits aussi signes annonciateurs de l'éjaculation : les manifestations de plaisir sont très intenses sans être orgasmiques, la respiration est rapide atteignant 30 mouvements par minute, le cœur s'accélère jusqu'à 120 à 140 battements par minute, les testicules ascen-

sionnent et les bourses se ramassent, des frémissements parcourent la verge, que votre main peut bien
percevoir. Pour apprendre à repérer les stades que
traverse votre homme, vous pourriez lui demander
d'effectuer quelques masturbations sous vos yeux
ou lui offrir quelques branles jusqu'à éjaculation.
À vous de bien noter ce qui se passe. Pour plus de
sécurité, le mieux est de passer une convention avec
votre ami : quand il sent qu'il entre en imminence il
doit crier « stop ! » ou vous presser la cuisse.

Pendant que « votre belle main » réalise le chef-
d'œuvre de branle, votre autre main ne reste pas
inactive. Elle peut « baguer », c'est-à-dire tenir entre pouce et index la base de la hampe de façon à
maintenir celle-ci verticale. Elle peut ramasser à
pleine paume l'ensemble scrotum-testicules et les
tenir ainsi fermement mais sans serrer (vous savez
l'extrême sensibilité des testicules), ce qui procure
à l'homme un bien être particulier qu'il apprécie
beaucoup. Enfin cette main peut aller jouer sur le
deuxième cercle : le périnée, la face intérieure des
cuisses, la marge de l'anus ou même le canal anal.
Un doigt placé dans l'anus sans même bouger multiplie les jouissances péniennes.

Chapitre VI

LE BAISER PÉNIEN

(OU FELLATION)

Appelé en argot « pipe », « pompier »…, c'est un des temps forts et incontournables de l'échange érotique. Hélas, il est présenté dans les films pornos avec une telle trivialité et un tel manque de considération pour la femme, réduite à la fonction de trayeuse ou de buveuse de sperme, et pour l'homme, réduit à un engin cracheur de sperme, que ça écœure les femmes aussi bien que les hommes. Du sperme, encore du sperme, rien que du sperme. Oublions ces images et voyons ce qu'il peut y avoir de beauté, d'amour et de sens dans ce geste.

Les hommes disent que c'est le plus grand don et le plus grand plaisir (au moins un des plus grands) qu'une femme puisse leur procurer. Hélas, comme l'exprime un de mes correspondants : « Peu de femmes sucent. Encore moins en prennent l'initiative.

Celles qui le font ne le font pas assez souvent et pas toujours bien. » Aussi n'est-il pas surprenant que parmi les souhaits des hommes figure dans les premiers : « Plus de fellation ». Ce qui rejoint un autre souhait de l'homme : que la femme soit plus active dans les échanges sexuels. Au moins dans la succion, la femme prend l'initiative et se démène. « Après tout ce n'est pas à nous de toujours tout faire et elle à toujours de se laisser faire passivement ! »

Écoutons d'autres paroles d'hommes particulièrement édifiantes

« Jouir dans sa bouche, c'est le top. C'est doux, c'est chaud, c'est enveloppant. C'est vraiment phénoménal. »

« J'adore, je m'abandonne, je m'en remets à elle, je suis à sa merci, elle me possède. »

Dans cet abandon aux soins d'une femme, dans le nirvana qui en résulte on peut y voir, « mutadis, mutandis », une régression à une béatitude infantile. Mais à côté de ces actions de grâce, beaucoup de soupirs et de regrets de la part des hommes.

« C'est super quand c'est bien fait, c'est le paradis, mais les bonnes suceuses sont rares. »

« En général, les filles ne sont pas de super-suceuses, mais les bonnes, c'est extra. »

« Souvent, les filles ne savent pas. Souvent c'est mal, trop vite, trop fort, oui, elles serrent trop fort ; mais les expertes, c'est le pied. »

« Faut que la femme aime. Faut pas qu'elle le

fasse juste pour me faire plaisir. De toute façon, je le sens bien. »

« Faut du désir de la part de la femme, de la gourmandise ! Faut qu'elle aime le pénis. »

« J'aime quand la femme aime, quand elle est avide. Alors, elle est attentionnée. Je sens quand elle n'aime pas. Alors, elle le fait mal et c'est frustrant. »

« Je déteste que la femme me saute directement dessus. Faut qu'elle fasse le tour de mon corps, le tour de ma verge tout entière, qu'elle la lèche avant d'engloutir mon gland. »

« Elles manquent de nuances, elles font des mouvements automatiques de haut en bas. »

« Elles manquent de créativité, d'inventivité, c'est stéréotypé. »

« Faut qu'elles prennent leur temps, qu'elle soient subtiles, qu'elles ne le fassent pas comme une machine, de haut en bas et de bas en haut non stop et monotone. »

« Elles manquent de douceur. »

Attention à ne pas faire mal

« Elles serrent trop le pénis, c'est pénible. »

« Elles aspirent trop le gland, c'est désagréable. »

« Les dents ça fait mal. »

« J'ai peur des dents. J'ai peur de finir en sang. »

Ces remarques et ces reproches ont le mérite d'indiquer aux femmes ce qu'il est bon de faire et de ne pas faire. Les femmes n'ont nullement à s'en vexer. D'autant que dans un autre ouvrage, j'ai fait état des reproches que les femmes faisaient aux hommes en matière de cunnilingus.

Et les femmes que disent-elles de la fellation ? J'ai retenu quelques opinions révélatrices.

Les opinions positives

« J'adore le pénis : c'est fier, c'est droit, c'est du feu, c'est l'organe de l'homme, j'adore les hommes. »

« Sucer la verge de mon ami ? J'en raffole, c'est suave, c'est rond, c'est dur, c'est chaud. J'en ai des frissons rien que d'y penser. »

« C'est superbe un pénis. Ça se dresse. C'est la force de l'homme qui s'affirme, c'est son désir pour la femme qui s'affiche, un désir qui rejoint mon désir. »

« J'aime téter le pénis, c'est ferme, arrondi, c'est fait pour ça. »

« Cajoler le pénis c'est justice, il me donne tant de plaisir. »

« C'est magique de le faire durcir avec la bouche, de le faire jouir si fort que l'homme en perd la tête. »

Les réserves

« Faut un grand degré d'intimité. Faut beaucoup aimer cet homme-là pour lui faire ça. »

Les opinions négatives

« Une verge c'est pas beau, alors y mettre la bouche… »

« Une verge c'est impressionnant quand c'est raide. C'est grand, c'est gros. C'est comme une arme. Ça me fait peur. Je ne peux pas la mettre dans ma bouche. »

« Heureusement que j'avais vu ça dans les films pornos, sinon j'aurais eu un malaise. C'est comme un serpent. Impossible de sucer ça. »

« C'est trop gros. Ça me remplit la bouche. J'étouffe. »

« C'est trop long. Quand ça m'arrive au gosier, j'ai des haut-le-cœur. »

« Quand il l'enfonce jusqu'aux amygdales, j'ai la nausée. »

« C'est sale et malodorant. L'urine passe par là, ça doit être plein de microbes. »

Cette dernière réflexion on l'entend chez les hommes à propos du cunnilingus. Nul n'a à se vexer mais que chacun soit d'une hygiène exemplaire.

Pourquoi les hommes raffolent-ils de la fellation ?

Les motivations des hommes sont complexes.

• Connaître un plaisir qui est parmi les plus exquis.

• Obtenir une preuve d'amour : la femme qui prend le sexe de l'homme dans sa bouche, s'applique à le faire jouir et mieux encore, accepte de recevoir son sperme, doit l'aimer vraiment. Toutefois, il faut savoir qu'une femme peut être profondément aimante mais être écœurée par le sperme dans la bouche (son goût, sa viscosité, etc.).

• Narcissiser son pénis pour panser les blessures reçues d'une autre femme dans le passé : sa mère qui, pour l'éduquer, niait, voire, réprimait ses érections et punissait ses attouchements. Et voilà que maintenant une femme accepte son pénis dans sa bouche, alors, il n'est plus quelque chose de répréhensible. Son geste est une revanche sur la prohibition maternelle.

• Narcissiser son sperme dont la mère avait fait quelque chose de sale. Si une femme le reçoit dans sa bouche et même l'avale, c'est qu'il n'a rien de malpropre, de réprouvé. Son geste est une réparation de l'attitude maternelle.

• Renforcer l'estime de soi : je suis assez estimable pour qu'une femme reçoive mon sexe et mon sperme dans cet endroit noble qu'est sa bouche, lieu de sa parole, de son sourire et de sa gourmandise.

Donner un sens à cet attrait de l'homme pour la fellation enlève à cet acte toute connotation triviale et peut réconcilier les femmes avec ce geste.

Par contre, trouver les motivations qui poussent l'homme à éjaculer sur le corps, ou pire sur le visage de la femme, c'est moins facile. Au mieux, on peut dire qu'il veut faire le cadeau d'un onguent qu'il considère comme sacré, mais c'est à la femme de décider si c'est un cadeau et si le liquide est sacré pour elle aussi ; ce que du reste pensent certaines femmes qui spontanément par amour s'enduisent la peau du torse et du ventre du sperme de leur aimé. Au pire, c'est vouloir démontrer sa puissance en marquant son territoire. Ou pire encore, c'est vouloir souiller, abaisser la femme.

L'ART FELLATOIRE
À L'ATTENTION DES FEMMES

• Attachez vos cheveux.

• Prenez une position confortable, au choix : agenouillée sur le côté de l'homme, agenouillée entre les jambes de l'homme, à califourchon sur son thorax. Et tout ce que vous voulez pourvu que vous soyez à l'aise.

• Ne vous précipitez pas sur le gland, intéressez vous d'abord à tout le troisième cercle qu'il vous faut gâter de caresses et de baisers. Puis passez au deuxième cercle, c'est-à-dire le voisinage du pénis : ventre, pubis, face interne des cuisses, périnée qu'il vous faut ensemencer de caresses duveteuses, de bisous convaincants et de petits coups de langue.

• Après l'avoir approché progressivement, lui avoir tourné autour pour l'apprivoiser, le faire saliver, occupez-vous maintenant du pénis. Prenez-le par sa base faisant un anneau avec le pouce et l'index ou un manchon entre le pouce et les grands doigts. Peut-être est-il dressé ; s'il ne l'était pas, il ne tardera guère. Il est important que vous teniez bien la hampe à sa base, ainsi vous garderez en permanence le contrôle des mouvements du pénis ou plus précisément des mouvement que lui imprime son propriétaire et vous pourrez l'empêcher d'entrer trop profondément et de vous étouffer ou de vous faire lever le cœur. C'est le moment de retrousser le prépuce et d'exposer le gland dans toute sa splendeur. Avec un doigt mouillé faites quelques exercices de virtuosité à la surface du frein puis de la couronne. Puis distribuez quelques caresses digitales superficielles ou profondes sur toute la longueur du fût, suivie de quelques friandises buccales : baisers, léchettes et compagnie comme vous savez faire maintenant. Soyez généreuse et n'hésitez pas à faire une escapade sur les bourses gentiment frôlées de la pulpe des doigts et même baisouillées, ce qui évitera de faire des jaloux.

• Enfin l'heure exquise est venue, l'heure de faire rencontrer votre langue et le gland. Le gland qui s'impatientait se réjouit soudain, il y a de quoi : vous venez de lui décocher une pointe de langue aussi imparable qu'irrésistible, décocher, c'est mal dire, car c'est une léchette voluptueuse qui effleure son sommet, suivie d'une autre et d'une autre encore. Voilà votre homme cloué de plaisir et qui s'exalte de savoir qu'avant peu son gland sera happé par votre bouche. Et le gland qui jubile que cela lui arrivera dans l'instant. Mais raffinée vous continuez vos exercices de virtuosité : une suite de pizzicati linguaux sur le frein, quelques tours de passe-passe autour de la couronne et tout ce que vous inspirera votre désir et votre amour.

• Admirable ballerine, votre langue dansait sur sa pointe. Maintenant, elle se fait gourmande et de toute sa largeur et de tout son appétit, elle se met à lécher toute la sphère charnue au-dessus, au-dessous, à gauche, à droite, en travers, en tournant comme on le fait d'une boule de glace sur un cornet. Votre homme gigote comme piqué par une fourmi rouge. Il a le gland en feu. Il aspire à le tremper jusqu'à la garde dans votre bouche afin que la salive éteigne l'incandescence, comme le forgeron trempe l'épée rougie dans un bac d'eau. Il vous prie même. Mais vous n'entendez pas ses prières car vous avez encore des raffinements à lui offrir qui, du reste, le rafraîchiront quelque peu.

• Rentrant votre langue pour la laisser reposer, vous confiez à vos lèvres une partition subtile. D'abord, posez sur le gland un gros baiser suivi de quelques bisous furtifs pour prendre contact, puis ayant bien mouillé les ourlets de votre bouche, promenez-les de droite à gauche et vice versa sur le sommet du gland comme si vous jouiez de l'harmonica ou de la flûte de paon. De votre homme, ne tardent pas à monter des sons, curieux mélange de réjouissances et de plaintes ; la caresse est « douce-aiguë », comme on dit « sucré-amer » en gastronomie, aussi le chant est doux mais toujours au bord de s'aiguiser.

• Maintenant entrouvrez vos lèvres mais sans desserrer les dents et placez le bout du gland dans l'antichambre ainsi formée et faites glisser l'intérieur humide de vos lèvres sur la surface du bout. Toujours dents serrées, glissez le gland entre gencives et dents d'un côté et joue de l'autre (ce qui ne peut se faire si le pénis est géant). Ce sont toujours des jeux d'approche, pour varier les plaisirs.

• Enfin, l'heure sublime a sonné, l'homme l'a bien mérité et il est à bout de patience : ouvrez la bouche et introduisez l'organe mâle dans votre cavité buccale en vous penchant un peu plus et activez-vous sur votre invité. En réalité, laissez faire votre instinct – et votre amour – les gestes viendront tout seuls : il s'agit d'alterner des mouvements de succion simples et des mouvement de succion-coulissement. La succion est un acte spontané, sans doute inné mais aussi souvenir immémorial des tètements infantiles du sein et du pouce, relayés plus tard par la dégustation des sucettes et des bâtons de glace. Rien ne ressemble plus à une fellation que ces gestes de gourmandise (c'est pourquoi certains amants enduisent le gland de miel ou de confiture). Les lèvres s'ajustent sur le gland en formant un rond, un O, la langue s'arrondit aussi autour du gland, les joues se creusent et rentrent à l'intérieur. Tous ces éléments se meuvent subtilement de façon à créer un massage – un malaxage – et un vide aspiratif autour du gland. À ce mouvement vous pouvez associer un coulissement : l'ensemble de la gaine que forment vos lèvres, votre langue et vos joues coulisse de haut en bas et de bas en haut sur le gland – spécialement sur la couronne et sur le frein – et sur le fût. Cette association décuple le plaisir de votre homme, lui arrache l'âme et le projette dans le cosmos. Vous pourriez lui demander de vous décrochez Vénus, il vous le promettrait.

Petit détail important : évitez de faire se rencontrer vos dents et le gland dont la peau est si sensible et fragile. Sans oublier les fantasmes de mutilation qui habitent l'inconscient de l'homme et pourraient lui donner des angoisses. Pour éviter cette mauvaise rencontre, prenez la précaution d'isoler vos dents en les recouvrant de vos lèvres repliées sur elles.

Quelle amplitude pour ce mouvement de coulissement ? Jusqu'à quelle profondeur amener le pénis ? Dans un premier temps, c'est juste l'anneau formé par les lèvres qui coulisse sur le gland puis progressivement c'est le manchon formé entre langue et palais. Ce qui veut dire que le coulissement n'intéresse d'abord que le gland et ensuite une bonne partie du fût, mais une partie seulement et non sa totalité. Ce n'est pas l'homme qui doit enfoncer son pénis dans la bouche, lui il doit rester quasiment immobile, c'est la femme qui agit en bougeant la tête de bas en haut et vice versa, vite en descendant, plus lentement en remontant. Si l'homme se mettait à imprimer des va-et-vient à son pénis, il devrait éviter d'aller trop profondément, c'est-à-dire jusqu'à la gorge car la femme alors étoufferait et aurait des haut-le-cœur. Pour éviter ces désagréments, qui lui couperaient toute envie de pratiquer d'autres fellations, la femme peut soit limiter la course du pénis grâce à la main qu'elle a placée à la base du pénis par sécurité et qui fait butoir, soit dériver le gland vers le palais ou l'intérieur des joues.

Quel rythme pour le va-et-vient ? Commencez doucement, accélérez progressivement. Même chose pour la pression exercée sur le gland et le long du fût par les lèvres et par la langue s'appuyant contre le palais. Même chose pour l'aspiration : douce au début, plus forte ensuite, mais toujours mesurée. Trop d'aspiration peut être désagréable. Veillez aussi à ce que la salivation soit abondante, le gland devant baigner dans la salive. Tout au long de la caresse, c'est à vous de moduler et de nuancer en virtuose, amplitude, vitesse, pression, aspiration.

Vous pourriez multiplier les voluptés de votre homme en associant à votre baiser phallique d'autres excitations.

• Vous pouvez pratiquer avec la main qui tient la hampe des mouvements de branle. Ainsi s'additionnent les deux stimulations les plus fortes qui soient. En réunissant ses lèvres et ses doigts sur les centimètres carrés les plus hypersensibles de l'homme, la femme détient le fabuleux pouvoir de le projeter dans un état sublime de jouissance. Entre la pulpe de ses lèvres et la pulpe de ses doigts, la femme possède l'homme tout entier. En effet la volupté est telle que l'homme, à tout instant, peut décoller pour le zénith de l'éjaculation.

• Vous pouvez lui offrir un supplément de bonheur en prenant dans votre main libre les bourses et les testicules ; de les empaumer et de les tenir tout simplement, de les rassembler dans le creux de votre main sans même bouger, sera très agréable. Mais si vos doigts sont très subtils, ils pourront un tantinet jouer avec les testicules : petits signes de connivence, pressions millimétrées, roulements microscopiques. L'extrême sensibilité des sphères veut qu'on les aborde avec la prudence d'un démineur. Mais si l'homme supporte plus allez-y gaiement.

• Plus hard : insérez un doigt dans l'anus de l'homme, doucement et profondément et restez ainsi sans bouger suffit à renforcer le plaisir de votre « fellation ». Vous pouvez faire un peu plus fort encore : massez-lui délicatement la prostate. Ce n'est qu'une suggestion. Le bonheur du baiser phallique est, en soi, déjà immense.

Bien entendu, comme vous jouez avec le feu, vous allez immanquablement conduire l'homme à l'incendie, c'est-à-dire à l'éjaculation. Mais étant experte, vous saurez en sentir les signes annonciateurs et vous arrêterez à temps. Et quand les signes d'imminence auront disparu, vous repartirez de plus belle. Ce jeu du « Stop and go » offre à l'homme un plaisir prolongé, sans cesse renouvelé et égrené de plusieurs pics de volupté. Mais quand vous déciderez de laisser exploser l'éjaculation parce que votre homme vous en supplie, la question se pose de savoir si cela se fera dans votre bouche ou en dehors. Ici, c'est à vous seule de le décider, mais le contrat doit être passé avant « l'exercice ». À vous de dire :

« Je veux bien que tu viennes », ou : « Je n'aime pas, je ne veux pas » ; ce à quoi l'homme répondra : « D'accord je viendrai », ou : « Je m'engage à me retenir, à ne pas éjaculer dans ta bouche. »

Les femmes qui acceptent sont soit celles qui aiment le sperme – son goût, son odeur, sa texture – et le savourent, soit celles qui aiment passionnément leur homme et dépassent leur dégoût (qui ne doit quand même pas être majeur) pour lui donner une preuve extraordinaire d'amour. Mais, je le répète, on peut aimer profondément son homme et pas du tout son sperme. Parmi celles qui acceptent, il y a celles qui avalent ou non.

La majorité des femmes trouvent le sperme « dégueu » et refusent que l'éjaculation se fasse dans leur bouche. Si vous êtes de celles-là, il vous faut guetter les signes annonciateurs du réflexe éjaculatoire bien décrits dans d'autres chapitres – en particulier le chapitre IX. Et guetter le signe qui a été convenu entre vous pour vous avertir de l'imminence de l'éjaculation : un mot, une pression de sa main, etc. À ce moment, vous sortez le pénis de votre bouche en reculant votre visage et en tirant la verge avec la main posée en anneau à sa base.

Très très important : vous devez absolument continuer de branler cette verge jusqu'à ce que le jet de sperme jaillisse et jusqu'à la fin de l'éjaculation. En effet, il n'est pas pire et plus atroce sensation qu'une verge qui commence à éjaculer, ou est en train d'éjaculer, et se retrouve dans le vide. Où diriger le jet ? Ici encore, c'est à vous de décider, ce n'est pas à l'homme à asperger votre visage ou vos seins. Si vous donnez (et votre homme aussi) à cette liqueur un sens précieux, parce qu'elle est l'essence du mâle ou plus précisément l'essence de votre mâle, libre à vous de l'accepter sur votre visage, vos seins, votre ventre et de vous en enduire.

N'oubliez pas, quand vous approchez des prémices de l'éjaculation, d'accélérer les mouvements de votre bouche, et d'augmenter la pression de vos lèvres et de votre langue. C'est ce crescendo final qui va déclencher le réflexe éjaculateur. N'oubliez pas non plus, dès que le sperme a fini de jaillir, d'arrêter vos mouvements, ceux de votre bouche si vous avez choisi de conserver la verge dans votre bouche, ceux de votre main si vous avez décidé de sortir la verge et de la branler. En effet, le gland, vous le savez, devient soudain hypersensible, le frotter devient extrêmement désagréable, voire douloureux. Toutefois, gardez fermement la hampe dans votre main serrée, mais immobile maintenant.

Peut-être étiez-vous convenus ensemble de pratiquer la fellation sans la mener à l'éjaculation, c'est-à-dire comme une « simple » – si on peut dire – caresse-massage. Alors, dès les signes d'imminence, suspendez vos mouvements de bouche et de branle. Puis, dès que l'homme est calmé, reprenez-les.

Bichonner le pénis, mettre tout son cœur à lui offrir les caresses les plus raffinées et donc les plus exquis plaisirs et le vénérer, telle est la mission d'une partenaire digne de sa place d'amante.

P.S. : Comme toute muqueuse sexuelle, la muqueuse qui recouvre le gland peut être porteuse d'infections sexuellement transmissibles dont l'herpès et le Sida. Par ailleurs, le sperme et le sang qui peuvent y apparaître (le sang par exemple en cas de blessure du frein) peuvent être contaminés par le virus VIH. Aussi, lorsqu'une femme n'est pas sûre des antécédents de son partenaire, doit-elle exiger que la verge soit recouverte d'un préservatif ; d'autant plus si elle-même présente une plaie dans la bouche (morsure, avulsion dentaire, etc.).

Chapitre VII

PÉNIS ET VAGIN :

RENCONTRE DU 5ᵉ TYPE

Il est bientôt révolu le temps où les hommes pratiquaient l'acte sexuel en le limitant à la courte séquence : pénétration – bref va-et-vient – éjaculation, obsédés qu'ils étaient par l'orgasme. Maintenant, la plupart des hommes ont pris conscience que l'éjaculation ne peut être le seul but car il n'est qu'un feu de paille auquel succède une impression de déception et de désillusion ; ils avaient investi toute leur puissance sur cet objectif, mais en quelques instants tout est consommé : disparue la belle tension du désir, disparue l'énergie qui la portait, disparue la jouissance-éclair. Tout s'est passé très vite et en quelque sorte hors de leur présence. D'où leur insatisfaction.

Nombreux sont les hommes qui n'ont plus envie d'être les gagne-petit du plaisir et de se contenter d'un scénario rétréci sur l'éjaculation, scénario qui les prive d'une foultitude d'autres sensations et de l'accès à des états de conscience supérieurs.

Dans un premier temps, ces hommes là se sont préoccupés du plaisir de leur compagne. Ils avaient découvert que les femmes – en général – n'obtenaient un orgasme que si l'union sexuelle était précédée de préliminaires et se prolongeait un certain temps. Ils s'évertuèrent donc à offrir préludes et durée. Ils purent alors constater : premièrement, que les femmes pouvaient répéter leur orgasme ; deuxièmement, qu'en soi le va-et-vient prolongé apportait de grandes jouissances, nonobstant l'orgasme ; troisièmement, qu'eux-mêmes au cours de ce va-et-vient prolongé, éprouvaient beaucoup de volupté ; quatrièmement, qu'eux-mêmes, quand ils se retenaient d'éjaculer pour faire durer la pénétration, éprouvaient à un haut niveau d'excitation qui normalement précède l'éjaculation, une sorte de « pré-orgasme » ; et cinquièmement, qu'ils ne passaient pas par la phase réfractaire, ce qui laissait leur désir, leur érection et leur énergie inchangés et que donc ils pouvaient, un certain temps après le pré-orgasme, reprendre le va-et-vient pour leur plus grand bonheur et celui de leur compagne.

LES JOIES DU COÏT, CÔTÉ HOMME

Quand il introduit son pénis dans le vagin, l'homme ressent subitement une sensation particulièrement agréable et qui est à chaque fois une surprise. Il faut dire que c'est la partie la plus sensible de son être qui est concernée : le gland, sa très exquise couronne et son frein. C'est une sensation de coulissement dans une gaine chaude et humide. L'impression est globale mais chaque sensation est aussi importante : la sensation de chaleur (c'est elle qui prédomine, qui surprend agréablement), la sensation d'humidité et la sensation d'engainement. L'homme peut comparer avec sa masturbation où son gland est à l'air libre et plus ou moins frais, dans le sec, dans le vide.

Durant le va-et-vient dans la gaine vaginale, la verge perçoit des frottements doux, humides, onctueux. C'est un frottement optimum, ça glisse tout seul. C'est à peine si la couronne du gland perçoit les plis – les rides – de la muqueuse vaginale pourtant épaissie par la turgescence crée par l'excitation (de fait, le bourrelet de la couronne cascade sur la succession de ces plis). Ce qui rend le contact spécialement agréable, c'est qu'il se perçoit tout autour et tout au long de la verge ; c'est le fait de l'engainement.

En plus des frottements, le pénis perçoit la pression de la gaine, qui elle aussi est totale, c'est-à-dire s'exerce sur tout le tour et tout le long ; en effet, la gaine, loin d'être molle, est particulièrement tonique, surtout en certains points : à l'entrée du vagin, là où se situe la base de la verge intromise, la pression est un peu plus forte en raison d'un resserrement dû à la présence du muscle constricteur de la vulve qui entoure l'orifice vaginal (et que la femme peut contracter par petits coups), de la turgescence des tissus érectiles de la gaine, du rebord de l'os du pubis situé en avant.

À quatre centimètres de l'entrée du vagin, le pénis peut ressentir un autre resserrement dû ici au muscle pubo-coccygien, partie intégrante du périnée féminin, qui cravate le canal vaginal et le rétrécit quelque peu. Au moment de l'orgasme de la femme, ce muscle se contracte de façon rythmique et automatique sur la verge. Mais, en dehors de l'orgasme, la femme peut contracter volontairement ce muscle et exercer une pression sur le pénis qu'il entoure. L'alternance de contraction-relâchement, sorte de mouvement de traite, procure chez l'homme des joies très originales qui font qu'il ne regrette pas ce détour sur cette Terre et plus précisément ce passage dans les bras de cette terrienne à qui il voue désormais une profonde reconnaissance. Mais toute femme peut devenir une experte en la matière, pourvu qu'elle entraîne son muscle pubo-coccygien comme je le décris plus loin (voir chapitre VII).

Au fond du vagin, le gland bute sur le col du vagin et sur le cul de sac postérieur. Le col est ressenti comme une butée ferme et néanmoins tendre ; les anatomistes lui ont donné le nom de « museau de tanche » – lequel est cartilagineux – c'est tout dire. Les hommes disent aimer ce contact et certains s'enfoncent profondément pour se sentir totalement pris dans la gaine et dans la femme, mais aussi pour sentir ce col.

Aux joies physiques, sensuelles du coït, s'ajoutent des bonheurs psychiques. L'union des sexes concomitant de l'union des corps recrée les fusions originelles : celle de la vie intra-utérine et celle de la vie post natale. C'est une forme de régression heureuse, quasi nirvanique, dans un sentiment d'amour océanique et d'unité qui délivre de l'insoutenable solitude de l'être et pause toutes les déchirures antérieures : celle de la naissance, celle du sevrage, celle de la résolution de l'Oedipe, celle des ruptures amoureuses.

AMÉLIORER LA RELATION PÉNIS-VAGIN

Pour l'homme comme pour la femme, un autre élément importe : la congruence, c'est-à-dire l'ajustement de telle verge à tel vagin et réciproquement. Aussi, il faut considérer que la femme a également à travailler sur son vagin.

Travail commun de la femme et de l'homme

Il est bien agréable. Pour aider à la congruence entre le fourreau et le glaive, je conseillerai de prolonger le coït : plus il y a de frictions entre le pénis et le vagin, plus le sang afflue, plus les tissus érectiles de part et d'autre gonflent et se font coalescents. De plus, la prolongation des contacts a bien d'autres conséquences heureuses qui compensent les problèmes de taille.

• Un accroissement de température des organes qui est extrêmement voluptueux, le pénis et le vagin ayant l'impression de se fondre dans un même creuset.

• Une exacerbation de la sensibilité des muqueuses

qui rend le plaisir suraigu.

• L'apparition d'une sorte de magnétisme à la surface des organes qui les fait s'attirer, se coller et irradier de l'un à l'autre. Bien entendu, pour prolonger le contact, il faut posséder la maîtrise de l'éjaculation et pratiquer « la caresse intérieure », ce que chacun peut acquérir.

Travail de la femme

Au cours de la relation sexuelle, la femme s'amusera à pratiquer de petites contractions de son vagin autour de la verge, pour lui faire signe, le contacter. En dehors de ces moments, la femme pourra s'attacher à fortifier les muscles de son périnée et spécialement du muscle pubo-coccygien, qui va du pubis au coccyx en entourant l'orifice d'entrée de son vagin, muscle dit aussi « muscle papillon » ou « muscle du bonheur ».

Ce travail musculaire va améliorer l'ajustement du vagin au pénis. De plus, il va accroître la force des orgasmes de la femme et préviendra d'éventuelles pertes d'urine. Pratiquement, ces exercices dit « de Kegel » sont simples : interrompre plusieurs fois le jet de l'urine au cours de la miction permet de repérer le muscle pubo-coccygien ; reste à le contracter à blanc 4 ou 5 fois dans la journée par série de 20 à 30 contractions. Un kiné pourrait guider la femme.

LA CARESSE INTÉRIEURE

Parmi les hommes qui s'efforcent d'améliorer leur sexualité en modifiant leur physiologie primaire, par exemple en maîtrisant leur réflexe éjaculatoire, beaucoup m'ont dit être déçus par l'attitude d'un certain nombre de femmes. Habituées à des pratiques plus expéditives ou moins raffinées, elles sont désorientées et n'apprécient pas à sa juste valeur l'art de ces hommes. C'est pour les informer et les allécher que je leur confierai ce que je ressens : le vécu d'un homme qui pratique « la caresse intérieure ».

« À chacune de mes poussées, mon bassin cognait ton bassin, ébranlant ton corps et faisant trembler tes seins. Tu te mordais les lèvres en gémissant car mon sexe à l'intérieur de toi avait touché ton col au, fond de toi, et la secousse avait également ébranlé ton ventre et tes entrailles. Mais soudain, je sentis à la racine de ma verge, là où elle s'attache au périnée, un plaisir aigu qui fusait en même temps qu'un plaisir, aigu aussi, mais superficiel, s'emparer de mon gland. Je savais que l'éjaculation était proche. Je suspendais mes mouvements et respirais à fond par le nez en gonflant mon abdomen. Le plaisir qui était apparu s'épanouit en une forme d'orgasme, mais le besoin d'éjaculer s'éloigna.

Alors, le regard emmitouflé de plaisir, je te contemplais. Ton visage s'était détendu, tu me souriais. Tes mains empaumèrent mes hanches. Je caressai ton front, tes joues. Je suivis d'un doigt la crête de ton nez, la pulpe de tes lèvres. Cent parfums montaient de ton corps, tous plus enivrants les uns que les autres. De nos sexes unis s'élevait, tel un encens, des volutes capiteuses où se mêlaient tes fragrances et les miennes. Mais je reconnaissais tes propres arômes, ceux un peu plus épicés venus de l'arrière de ta vulve – cannelle et giroflée –, ceux plus boisés de ton vagin – santal et vétiver – et ceux plus brûlés-sucrés de ton pubis – champ de cannes à sucre en feu. De tes aisselles, montaient des odeurs plus piquantes de pain grillé et de pouliche alezane. Bref, tu baignais dans un halo capiteux de brune. Au milieu de ces volutes, je perçus, venu de derrière tes oreilles et de ton décolleté, ton parfum d'Hespérides qui tranchait comme la couleur orange sur un fond d'ocre brun. Souviens-toi, c'est de ton odeur de brune mandarinée que j'étais tombé amoureux fou. Je me penchai pour humer profondément tes aisselles. Cela suffit à retendre ma verge qui s'était quelque peu détendue.

Aussi, je repris mon va-et-vient en toi, lentement cette fois. Je t'abordai doucement, comme la vague, la plage un soir d'été. Et tu accompagnais ce ressac en t'avançant un rien vers moi. Nous étions les yeux dans les yeux, aussi profondément que nos sexes l'un dans l'autre. J'essayais de percevoir ou d'imaginer tous les détails de ta nef vaginale, ses fronces gonflées par le désir, sur lesquelles la couronne de mon gland tressautait à l'aller, puis au retour, provoquant en moi comme en toi les mêmes délices. J'essayais de caresser de ma couronne ton point G, ce relief qu'avec mes doigts j'avais bien perçu, ce qui m'aidait maintenant à le visualiser pour y conduire mon gland.

Bien que les mouvements soient lents, je voyais ton visage exprimer un plaisir croissant. Te voir jouir, sentir ma verge explorer tes points érogènes, sentir ta gaine me tenir si bien, imaginer ton intérieur carminé, vivant tel une anémone de mer, se resserrant à son entrée, se dilatant à son sommet, faisait croître mon plaisir. Ma verge eut un regain d'érection, aussi j'accélérai mes mouvements. C'est alors que tu éclatas – crias, renversas la tête, révulsas tes yeux, raidis ton corps, griffas mes cuisses – pour la troisième fois.

J'arrêtais de bouger à la fin de ton orgasme, car j'avais senti en moi le plaisir aigu dans mon périnée qui annonçait l'éjaculation. Je dégustais mon pré-orgasme, tandis que tu savourais le décours de ton orgasme. Moment de conscience fabuleux où l'on quitte la terre pour quelque endroit de l'espace où l'on n'est plus qu'amour, félicité et lumière. Interpénétrés, enlacés, les yeux dans les yeux, unis nous filions sans poids mais non sans corps, l'air chaud caressant nos peaux et des scintillements de toute sorte nous croisant.

Le vertige s'est décanté et tu étais à nouveau là, sur les draps parme, plus femme que jamais, les yeux remplis d'éclats agathe et de reflets ambre, le visage radieux, dans un nuage d'arômes. Nous étions rivés par le sexe. Je me sentais profond en toi et bien pris par toi, chaque vaisseau, chaque goutte de sang de ton vagin s'étant ajusté sur ma verge, l'ayant moulée, épousée. Tu me fis la surprise de serrer par petits coups ta tunique vaginale. Étrange et merveilleuse impression que tu puisses me parler ainsi avec ton intérieur. Je te laissais me saluer un certain temps avant de te répondre par quelques frétillements de mon pénis.

Puis je t'ai dit que je te trouvais plus belle que jamais, que j'aimais tes yeux, ta bouche, ton nez, tes oreilles, ton menton, tes épaules, tes seins, tes tétons, ton ombilic, etc. Je t'ai dit aussi que tes yeux étaient des caramels en flamme, que ta bouche j'en ferais des confitures de groseille, que tes mamelons étaient de gros bourdons et qu'un jour je ferai boire une tourterelle dans le creux de ton nombril. Et je me suis penché pour embrasser ta bouche et happer la langue que tu sortais. Puis, j'ai joué avec tes seins, finement de la pulpe des doigts effleurant leur galbe, taquinant leurs boutons. Mis en appétit, j'ai pincé et tiré tes mamelons avant de saisir à pleine main tes globes, de les presser. Tu aimais à ravir, alors ma verge s'est un peu plus raidie et tu as amorcé un mouvement de ton bassin. Et nous avons repris la longue promenade, le sexe dans le sexe.

J'allais et tu venais. Je venais et tu allais. Dieu quel bonheur ! Tantôt nous flânions, tantôt nous accélérions le pas. À un moment, j'ai mouillé mon pouce de salive et je l'ai glissé à l'avant de ta vulve où il tomba pile sur ton clitoris qu'il se mit à presser à la cadence de nos mouvements. Tes murmures de plaisir montèrent d'un cran et à chaque pression de mon pouce, tu gémissais, tu suppliais : «Oui ! Oh oui !", car en même temps le velours de mon gland visitait le cul-de-sac postérieur de ton palais. Soudain, ton cri déchira l'air et tu jouis. Tu jouis à pleurer, à rire, à sangloter, à dire oui, à dire non. Il te fallut du temps pour t'apaiser et rejoindre mon immobilité car j'avais suspendu mes mouvements ; de te voir te déchaîner m'avait mis au bord de l'éjaculation et je m'étais arrêté juste à temps.

Et nous nous retrouvions dans la suspension, dans le calme, les sexes noués, les yeux liés. Pleins d'un bonheur débordant à grosses vagues, à gros bouillons. Tu promenais tes mains sur mes bras, sur mon thorax, sur mon ventre. Tu me caressas la joue, oh cette caresse ! Tu me dis des choses sur moi, tu me parlas de la glycine qui n'avait jamais été si fleurie que cette année, du rossignol qui n'avait cessé de chanter cette nuit. Puis on se tut. De temps à autre, tu me faisais signe avec ton vagin et je répondais avec mon pénis.

Et l'on reprit notre marche pour un bout de chemin. Tu avais mis les bras en croix et tu regardais le plafond, totalement donnée. J'allais en toi mais je n'avais plus la sensation de coulisser dans un fourreau fermé. J'avais l'impression de glisser dans ton corps, dans ton ventre, jusqu'à la pointe de ton cœur. Tout cela communiquait, tout cela n'était que volupté, tout cela ne faisait qu'un. Comme toi et moi communiquions, ne faisions qu'un. Nous étions une seule masse critique de plaisir. Je m'arrêtai quand je sentis l'éjaculation monter et je jouis d'un pré-orgasme profond et doux. Toi, tu sentis les frémissements de ma verge et tu fus projetée au ciel de lit. Ton cri, oh ton cri ! Où donc les femmes vont-elles chercher ces cris ? C'est surhumain, c'est d'ailleurs, d'un endroit à elles. Homme, on se sent petit quand on entend ces cris, on se sent demeuré sur terre, distancé. Vas-tu revenir ? Tu revins et tes yeux me baignèrent de tendresse. Ton sexe était brûlant, ta peau incandescente et tes arômes flambaient. J'eus l'impression qu'on fondait, qu'on allait se mélanger, que notre fusion affective et spirituelle allait se doubler d'une fusion charnelle véritable, une fusion "métallurgique" et que nous ne ferions plus qu'un corps. Alors un mot, un mot immense, un mot superflu me monta aux lèvres : "Je t'aime" te dis-je en plongeant un peu plus mon regard dans le tien. "Je t'aime" me répondis-tu.

Quand alors je te dis "je t'aime", je le dis aussi au lierre qui encadre la fenêtre, au prunus en fleurs qui remplit le ciel, à la grive qui y chante, à toutes les femmes qui sont en toi, à celles qui t'ont précédée, à celles qui te succéderont sur cette planète, à toutes celles que j'ai aimées, à toutes celles que je n'ai pas su aimer. Je suis plus grand que moi, tu es plus grande que toi. Et tu sens, comme moi, que tu dépasses ton plaisir et ton corps flamboyant. »

LA MAÎTRISE DE L'ÉJACULATION

C'est la clef de voûte de la caresse intérieure, le moyen de prolonger la durée de l'union des corps et des sexes. Et donc le moyen de donner à l'homme comme à la femme l'optimum de plaisir. C'est plus spécialement pour l'homme, la seule façon de s'opposer à la brièveté de son acte instinctif et à sa phase réfractaire. Génétiquement l'homme est programmé, à l'instar de ses cousins les primates supérieurs, pour éjaculer en quelques dizaines de secondes. S'ils se laissaient aller, 80 % des hommes éjaculeraient en deux minutes. La femme, elle, orgasme entre quinze minutes et une heure, ça dépend de son tempérament, de son entraînement, de son éducation, de son âge. Je donne les chiffres dans le seul but de comparer l'excessive brièveté de l'homme et le plus long délai de la femme et en conclure à l'impérieuse nécessité pour l'homme de se maîtriser afin d'allonger la durée du coït.

Mais j'ajouterais aussitôt trois remarques.

• Une femme bien « entraînée » peut arriver à jouir dans un délai proche de celui de l'homme ; l'entraînement consistant à se stimuler soi-même le clitoris et le vagin ; l'éveil des muqueuses vaginales devant se pratiquer dès l'adolescence.

• L'allongement du coït constitue aussi un « entraînement » à l'éveil des muqueuses érotiques et à la révélation de la capacité multi-orgasmique de la femme (si l'intumescence de la femme est plus lente à se produire, elle est aussi plus lente à se défaire, lui offrant des possibilités de rebonds).

• L'allongement du coït hormis ses finalités orgasmiques constitue en soi un très grand plaisir et un très grand bonheur : celui d'être uni de façon prolongé.

L'art de contrôler l'éjaculation a été pratiqué en Orient depuis plus de 6000 ans avant J.-C. par les adeptes du Tantrisme et du Taoïsme, c'est-à-dire par toute la population de Chine, du Japon et de l'Inde.

Ces civilisations ont été caractérisées par une parfaite harmonie entre l'homme et la femme, et l'absence de pratiques sexuelles sadiques et masochistes.

LA TECHNIQUE

Pour l'homme comme pour la femme il s'agit de repérer les signes de l'imminence de l'éjaculation, signes qui précèdent le point de non-retour au-delà duquel le réflexe éjaculatoire se déclenchera sans que rien, et surtout pas la volonté de l'homme, ne puisse l'arrêter. Rappelons que ce réflexe consiste en la contraction des voies spermatiques (vésicule séminale, canal éjaculateur, prostate, urètre prostatique) dans le but d'expulser le sperme. Les signes d'imminence correspondent à la phase de mise en tension des voies spermatiques, principalement de l'urètre prostatique quand il se remplit de sperme, juste avant qu'elles ne se contractent. Si on perçoit les signes on peut stopper le déroulement vers la phase de contraction, c'est-à-dire vers l'éjaculation.

C'est à l'homme et à la femme de bien observer tout ce qui précède et entoure l'éjaculation. En ce qui concerne l'homme, il lui appartient de bien se connaître ; il est un signe annonciateur qui ne peut lui échapper : c'est une sensation soudaine de plaisir aigu ressenti à la racine de la verge et aussi au niveau du gland ; ce que j'appelle le « pré orgasme ». Pour ce qui est de la compagne de cet homme les signes annonciateurs de l'éjaculation masculine sont : une accélération et une intensification des mouvements du mâle qui deviennent frénétiques, une accélération de sa respiration qui par ailleurs devient bruyante (bruits de gorge), des manifestations vocales de plaisir atteignant une grande intensité (mots, onomatopées, murmures, cris, quoique beaucoup d'hommes ont le plaisir muet), un courant « électrique » qui parcourt le corps masculin, un raidissement de son corps qui brusquement s'immobilise. Un autre signe ne se distingue bien qu'au cours de la masturbation (par l'homme lui-même ou par sa compagne) c'est l'ascension de l'ensemble bourses-testicules, avec une hypersensibilité des testicules. Il est important que la femme sache repérer ces signes car elle-même va jouer un rôle dans la maîtrise.

À titre d'entraînement la femme pourra pratiquer la masturbation de la verge de son partenaire selon le mode « stop and go » : arrêter la masturbation quand les signes annonciateurs de l'éjaculation surviennent ; la reprendre quand les signes ont disparu.

Ces signes étant repérés, il faut à la femme réagir aussitôt :

• stoppez immédiatement vos mouvements et toutes manifestations d'excitation et de plaisir (cris, mimiques…),

• si vous êtes en position supérieure (position Andromaque par exemple), soulevez-vous un peu pour ne laisser que le premier tiers de la verge dans votre vagin. Mais attention à ne pas la faire sortir.

Par ailleurs, la femme ne s'étonnera pas de voir l'homme réagir de son côté. Vous le verrez donc :

• stopper immédiatement ses mouvements,

• retirer sa verge jusqu'au premier tiers du vagin, autrement dit ne laisser que le gland à l'intérieur,

• inspirer profondément par le nez et envoyer l'air dans son abdomen jusqu'au bas-ventre ; bloquer alors sa respiration en fermant sa glotte quelques secondes,

• grincer des dents, serrer les paupières, appuyer le dessous de sa langue repliée contre son palais.

Et sans doute vous confiera-t-il qu'il a pratiqué des contractions des muscles de son périnée en serrant les fesses et l'anus, en fermant la vessie comme s'il se retenait d'uriner, et surtout qu'il a dû détourner son attention de toutes les images excitantes, réelles ou fantasmées.

Autant de secrets de l'homme nouveau pour vous procurer le meilleur des plaisirs.

En réalité, le périnée n'a pas de secret pour vous les femmes. Vous savez que les accouchements entraînent son relâchement et par conséquent des risques de fuite d'urine ; aussi il y a belle lurette que vous pratiquez les exercices de KEGEL pour raffermir les muscles périnéaux et en particulier le pubo-coccygien (en plus vous savez que ces exercices accroissent l'intensité de vos orgasmes). Ce que vous apprendrez ici avec votre aimé, c'est que ce pubo-coccygien en se contractant stoppe le réflexe d'expulsion du sperme : pas étonnant, ce muscle passe exactement au point où le canal éjaculateur se branche sur l'urètre.

Dans l'entraînement « stop and go », l'homme devra être bien conscient de la contraction de son pubo-coccygien sous le regard attentif et attendri de son aimante.

En attendant de bien posséder l'art ci-dessus décrit voici des actes techniques qui vous aideront ; ils peuvent être réalisés par l'homme comme par la femme.

• Compression du périnée par l'homme lui-même ou par la femme : appuyer et presser fortement avec l'index et le majeur sur le périnée sous lequel passe la racine de la verge contenant elle-même l'urètre. En même temps l'homme pratiquera une profonde inspiration.

• Compression du gland par l'homme lui-même ou par la femme : l'homme retire complètement la verge du vagin et il ou elle, serre fortement la couronne du gland dans l'anneau formé par le pouce et l'index. Le danger passé, la verge est à nouveau introduite dans le fourreau vaginal.

• La suspension des mouvements par l'homme et par la femme durera une centaine de secondes, après quoi les amoureux reprendront leur marche conjointe.

• Les hommes qui auraient des difficultés à rester en érection pourraient utiliser un anneau (dit cokril) qui se place à la base de la verge. Mais il s'avérera vite superflu car plus on pratique la caresse intérieure plus on bande ferme et continu.

• S'il arrivait que l'homme n'ait pas pu contrôler son réflexe éjaculateur que la femme évite de se détacher de lui quand l'homme est entrain d'éjaculer car il en éprouverait une impression extrêmement désagréable, voire douloureuse. Bien sûr, si la femme n'a pas de contraception, le retrait est indispensable mais alors qu'elle prenne dans une main la verge de son ami et lui offre une branle consolatrice dans la perfection de l'art. Mais qu'elle s'arrête à temps : la friction du gland après l'éjaculation étant insupportable, rappelez-vous : « à temps » veut dire à la fin de l'éjaculation.

• Il se peut aussi que, lors des premières rencontres, l'homme étant fort tendu et inquiet (« vais-je savoir satisfaire mon amie ? »), tombe en panne d'érection ou soit victime d'un accident d'éjaculation précoce. Que son amie crée un climat détendu et joyeux, un climat heureux et complice, qu'elle lui parle de tout pour le sortir de son obsession de réussite, qu'elle lui offre un apéritif ou une coupe de champagne, qu'elle le caresse ou le masse.

Les hommes jeunes dont la libido est plus intense et plus impulsive auront plus de difficultés à se contrôler, mais ils y arriveront. Des milliards d'orientaux pendant des millénaires ont aisément exercé cet art, pourquoi pas eux ? Qu'ils ne partent pas battus ou ne se déclarent pas battus trop vite ! Trop d'hommes disent, sans avoir essayé, « c'est pas possible ! ». Il faut au contraire se positionner positivement et sereinement : « je suis relaxe, j'y arriverai, si ce n'est pas cette fois, ce sera la prochaine fois ! »

LES AVANTAGES DE LA CARESSE INTÉRIEURE

La femme aussi bien que l'homme trouvent des avantages considérables dans l'union sexuelle pratiquée comme une « caresse intérieure ». C'est une transformation complète de la façon de faire l'amour qui apporte beaucoup plus de plaisir et une grande harmonie entre les deux partenaires.

Avantages pour l'homme

L'homme gagne énormément à la caresse intérieure : son plaisir est multiplié en quantité comme en qualité, il n'a plus rien à voir avec la brève et bête explosion d'antan. Le plaisir de l'homme atteint celui de la femme. Il devient poly-orgasmique. Se donner du temps est le secret de cette réussite. Dans cette profusion de plaisir, on trouve :

• Le plaisir issu du gland allant et venant, frottant les parois du vagin ou pressées par elles est non seulement prolongé mais en plus intensifié : plus les contacts durent, plus sont aiguisés et excitables les récepteurs du gland, autrement dit, plus ça dure, plus la verge est sensible et jouissante.

• Le plaisir des pré-orgasmes, cette volupté des plus intenses qui précède le point de non retour, est de plus en plus fort. Et en plus il peut se renouveler à l'infini. L'orgasme lui, quand l'homme décide de libérer après un long temps de va-et-vient, atteint une intensité incroyable, tellement plus fort qu'un orgasme habituel, qui paraît dès lors bien fade. Et sa diffusion dans tout le corps est bien plus grande, comme si l'excitation du va-et-vient prolongé avait ouvert des passages pour que le plaisir envahisse tout l'organisme.

• Un nouveau plaisir apparaît dans le pénis : le plaisir de connivence : lors des interludes entre les séquences de mouvements, l'homme immobile, bien présent à ses sensations prend parfaitement conscience de ce que son sexe ressent : la chaleur du vagin, son enveloppement, le magnétisme qui passent entre vagin et pénis. Il ressent aussi – Ô divine surprise – les petits signes que, taquine, la femme lui fait en contractant son muscle constricteur de la vulve et son pubo-coccygien. Et l'homme alors de lui répondre sur le même ton en faisant bouger son pénis grâce aux muscles bulbo-spongieux et ischio-caverneux, doux frétillements qui met son aimée « aux anges ».

• Autre plaisir accru : celui de la tension du pénis. Plus on prolonge une séquence de caresse intérieure, plus l'érection se renforce. Les sensations qui proviennent de cette verge tendue au maximum, rigide à se verticaliser, dure comme fer sont extrêmement agréable à l'homme et lui donne une impression réconfortante et flatteuse de puissance virile. Du reste, à la longue la caresse intérieure va réellement renforcer la puissance de la verge : ses dimensions, l'intensité de la turgescence et sa durabilité.

• Les plaisirs liés à la suppression de la phase réfractaire. La phase réfractaire se caractérise, comme on l'a vu, par la réduction du désir, la baisse de l'érection et un état de fatigue et de désintérêt. Pendant l'union sur le mode caresse intérieure, c'est l'absence de phase réfractaire et donc la persistance du désir et de l'érection qui permet la prolongation du coït ; de plus cette persistance du désir est vécue comme un plaisir qui se concrétise et se ressent dans la tension du pénis, comme on vient de le voir. Ce désir continu est aussi ce qui inspire à l'homme toutes ses belles intentions et attentions vis-à-vis de sa compagne et toute son inventivité. Après l'union sur ce mode, c'est également l'absence de phase réfractaire et donc la persistance du désir et de l'érection qui permet un postlude merveilleux.

Merveilleux pour l'homme car le désir en soi est un plaisir : cette tension de la verge et dans le corps est jubilatoire, signe de vivance, expression de masculinité ; dans le cadre de la caresse intérieure, ce désir persistant fait partie du jeu, il n'est pas subi, il pourrait être satisfait à tout moment par la proximité et la complicité de l'aimée.

Merveilleux pour la femme qui a, à côté d'elle, non seulement juste après l'union, mais pour de longues heures un homme toujours désirant, donc toujours amoureux, tendre, attentif. Un vrai bonheur ! Oui la survivance du désir est le grand acquis de la caresse intérieure et de la maîtrise de l'éjaculation.

Pour les deux partenaires

La caresse intérieure permet de multiplier les caresses et les sensations, y compris pendant les pauses. Bien qu'immobiles les sexes, parce qu'ils sont en étroites unions, continuent de se transmettre des signaux, de se donner des excitations réciproques. Je ne parle pas seulement des micro contractions du vagin sur le pénis ou des micromouvements du pénis sur les parois vaginales mais de toute une série de micro manifestations tout juste perceptibles qu'on les dirait chuchotées et qui éveillent des sensations ultra douces, très intériorisées : incandescence, échanges d'électricité, battements de sang, vibrations, lancinements.

De plus, pendant les interludes, les suspensions, les mains sont libres et peuvent aller semer ou cueillir des voluptés ou simplement des tendresses sur toute la surface du corps, dans l'un ou l'autre des trois cercles. Caresser le visage de la femme aimée ou de l'homme aimé en l'envisageant du regard et en plongeant ce regard dans le sien tandis que les sexes sont étroitement unis est de la plus grande tendresse. Caresser ses épaules, ses seins, ses hanches est d'autant plus voluptueux que sous l'effet du plaisir irradié des sexes, leur peau est devenue éminemment sensible, hyperesthésiée, comme la peau des mains devenues également ultra sensible. Les peaux sont comme « magnétiques » si bien qu'elles s'attirent irrésistiblement et se collent l'une à l'autre quand elles se touchent.

Aller flâner dans le premier cercle va déclencher des plaisirs très forts car là on est au marche des sexes et la zone est particulièrement congestionnée et donc plus encore sensibilisée. Effleurer, taquiner une marge de l'anus mise en appétit ravit le bénéficiaire. Passer un doigt et titiller le clitoris outrancièrement à vif et avide procure des envols de délices à remplir les ciels de lit.

Tous les sens, ai-je dit, sont en éveil, leurs capteurs grands ouverts et ils perçoivent ce qu'ils ne perçoivent pas d'habitude. La peau, nous l'avons vu, a sa sensibilité exacerbée. L'ouïe, maintenant, entend le moindre souffle, le moindre soupir de plaisir, de bonheur, d'amour avant même qu'ils se fassent mots, l'ouïe maintenant entend le langage intérieure. La vue, elle, plus claire à en être clairvoyante, parcourt et développe le corps et le visage de l'aimé(e), les pénètre, les devine, les approuve, les remercie, les admire. Il faut dire que le corps et plus particulièrement le visage irradient de félicité et d'amour. Le visage est diaphane et les yeux sont d'une beauté infinie, d'une profondeur et d'une transparence à y voir passer l'âme.

Pour la santé

Pour la santé la caresse intérieure est une activité très bénéfique. L'homme en maîtrisant son éjaculation échappe à la phase réfractaire, l'a-t-on assez dit : pas de fatigue et encore moins d'épuisements, pas d'abattement, pas de mélancolie. Même après une séquence longue (une heure voire trois heures), l'homme reste tonique et heureux et euphorique. C'est qu'il n'a pas perdu d'énergie, au contraire il en a emmagasinée. L'éjaculation est une charge explosive qui volatilise l'énergie, le pré orgasme de la caresse intérieure est une charge intériorisée d'énergie.

La femme que ne fatigue pas – en général –, son orgasme est ici revigorée par le feu d'artifice orgasmique que lui procure la caresse intérieure. De plus elle se réjouit d'avoir un mari qui n'accuse ni fatigue, ni désintérêt mais qui est au contraire vif et tendre.

Ces avantages de la caresse intérieure permettent à un tel couple de faire l'amour tous les jours et même chaque jour matin et soir (dans ce cas ce sera des séquences plus courtes). Cette pratique décuple l'énergie et ses pratiquants sont des êtres dynamiques, biens vivants et en excellente santé. Ils vieilliront allégrement et continueront à faire l'amour jusque 80 ans et plus.

Les anciens Chinois disaient que la pratique de l'union amoureuse sans émission de sperme était un facteur de bonne santé et un gage de longévité. Des travaux modernes ont montré un parallélisme entre activité sexuelle heureuse et fréquente et durée de vie.

EXISTE-T-IL DES VARIÉTÉS
DE CARESSES INTÉRIEURES

La caresse intérieure a le temps pour elle et on peut y inscrire toutes les variations possibles concernant les préliminaires, les caresses associées (du 3ᵉ, du 2ᵉ ou du 1ᵉʳ cercle), les positions, la profondeur, la direction et le tempo de l'intromission. On peut, du reste, alterner pénétration orificielle et pénétration profonde, le meilleur étant d'alterner lenteur et rapidité, alterner les trajectoires vers le bas, le haut, les côtés (il suffit de déplacer son bassin), alterner force et tendresse.

Dans le pur tantrisme, la position est celle du lotus, les deux aimants étant face à face, le pénis ou lingam étant juste engagé dans le vagin ou yomi ; les mouvements sont de faible amplitude voire nulle, le contact des sexes suffisant à donner l'euphorie.

Chapitre VIII

POSITIONS ET

MOUVEMENTS

J e vais vous parler de ce que préfèrent les hommes et qui est bon pour les femmes. Le but des variations dans l'acte sexuel est d'éviter la routine et donc de prévenir l'usure du désir et l'usure du couple. Changer les positions dans lesquelles peut se pratiquer la conjonction fait partie des variations imaginées.

Il faut savoir du reste que l'intérêt de modifier les postures n'est pas seulement de varier les gymnastiques corporelles mais aussi de varier le point d'impact du pénis sur la muqueuse vaginale : selon le point touché par l'organe mâle, les plaisirs de la femme seront différents. C'est pourquoi il est de votre intérêt de participer activement à ces jeux ou d'en prendre l'initiative.

FEMME EN DESSOUS

La position du missionnaire

C'est la position de base, celle de l'Occidental, traditionnel.

La femme est couchée sur le dos, jambes allongées et écartées, l'homme est couché sur le ventre sur la femme, jambes allongées entre les jambes de la femme. On l'appelle position du missionnaire car, en particulier dans les pays d'outre-mer, les prêtres faisaient croire que la seule position digne d'un Chrétien (à vrai dire d'un mâle, « être supérieur ») était celle où l'homme était au-dessus.

Cette position présente quand même quelques intérêts pour les deux protagonistes.

• Les amants peuvent se voir, bien qu'avec quelques difficultés.

• Les amants peuvent se donner des baisers, en particulier de bouche à bouche, et se faire des confidences à l'oreille.

• Les amants peuvent se prendre à pleines mains, se saisir les épaules, le dos, les fesses ; l'homme peut prendre les seins de la femme, bien qu'inconfortablement. Comme, par ailleurs, les poitrines et les ventres se mêlent, c'est un étroit corps-à-corps qui se produit, créant une véritable fusion charnelle.

Toutefois les inconvénients de cette position sont nombreux aussi.

• L'introduction du pénis n'est pas facile car les jambes de la femme étant peu écartées, la vulve et le vagin sont peu ouverts, or le vagin présente à son entrée une chicane ; de plus les mains de l'homme, aussi bien que celles de la femme, se glissent difficilement entre les deux corps, d'autant plus que l'homme est en équilibre sur ses mains et sur ses coudes. Ici, la femme doit collaborer : écarter ses poils et ses lèvres (grandes lèvres et nymphes), mouiller de salive ses muqueuses si sa mouillure n'est pas suffisante, prendre le pénis dans ses doigts et le guider dans l'orifice vaginale. Elle peut aussi glisser ses mains sous ses propres fesses et aller écarter sa vulve.

• La posture des partenaires est inconfortable, spécialement celle de l'homme : celui-ci, appuyé et en équilibre sur les coudes ou sur les mains d'une part et sur les genoux d'autre part, doit se cambrer ce qui peut engendrer des douleurs dans ses lombes ou « reins ».

• La posture laisse peu de liberté et est donc trop statique : la femme est écrasée, sa respiration gênée, l'homme est empêtré. Coincés, les partenaires ne peuvent faire valser leur bassin.

• Les seins et le clitoris sont malaisément accessibles par l'homme aussi bien que par la femme. Difficile pour la femme de se masturber.

• Le point G n'est pas impacté par le pénis, l'angle d'introduction de ce dernier le fait passer en dessous.

Les positions jambes en l'air

Au lieu d'avoir les jambes et les cuisses allongées, la femme replie les cuisses sur son bassin et élève plus ou moins ses jambes.

Les intérêts de ces positions sont les suivants.

• D'ouvrir largement la vulve et de permettre ainsi une pénétration profonde du pénis, jusqu'aux culs-de-sac vaginaux.

• De basculer le bassin vers le haut et de favoriser le contact du pénis avec le point G. La femme devra signaler à l'homme s'il est tombé pile dessus ou s'il doit tâtonner pour trouver le bon impact.

• De mettre le clitoris en contact du pubis de l'homme.

• De libérer les mouvements des partenaires.

Toujours avec les jambes relevées, la femme fléchit ses cuisses à demi sur son bassin et pose ses pieds sur la taille de l'homme. Les avantages sont ceux exposés ci-dessus.

Toujours dans la même position, la femme pose cette fois les pieds sur les épaules de l'homme. En plus de ceux exposés ci-dessus, les avantages de cette position sont les suivants.

• L'ouverture de la vulve est encore plus grande et la profondeur de pénétration possible plus grande aussi.

• La bascule du bassin est plus importante et la possibilité d'impacter le point G meilleure.

Cette fois, la femme fléchit au maximum ses cuisses sur son bassin et ses jambes sur ses cuisses, ses genoux touchant ses seins.

Les avantages sont majeurs ici, particulièrement la profondeur de pénétration possible. Deux variantes sont spécialement intéressantes.

• Mettre un coussin sous les fesses de la femme pour basculer un peu plus son bassin et donc mieux exposer son point G.

• Mettre l'homme à genoux entre les cuisses de la femme afin que lorsqu'il se penchera en avant son pénis et son pubis contactent mieux le clitoris : ici le coussin sous la femme est indispensable.

FEMMES AU-DESSUS

La position d'Andromaque

C'est celle que préfère l'homme moderne car elle donne à la femme toute sa liberté. Ici, l'homme est couché sur le dos et la femme à califourchon sur son pubis, cuisses écartées. La femme soulève et abaisse alternativement son bassin de façon à faire coulisser son vagin sur le pénis dressé. Elle peut aussi faire rouler son bassin autour de l'axe du pénis. Elle peut enfin pencher son buste soit en avant soit en arrière. Un coussin peut être mis sous les fesses de l'homme pour accroître la conjonction.

Les avantages sont nombreux.

• L'introduction du pénis dans le vagin est facile.

• Les partenaires peuvent se regarder, voir la beauté de l'autre, de son visage, de son corps, voir en particulier les yeux, le sourire, les mimiques de plaisir, voir ses seins qui dansent, ce qui est bon pour l'amour et l'excitation. Ils peuvent se parler à l'aise.

• Les partenaires ont les mains libres. L'homme a facilement accès au corps de la femme en particulier à ses seins qu'il peut empaumer, presser, tordre ; et à ses fesses qu'il peut pétrir, griffer, etc. ; toutefois l'accès de l'homme au clitoris est plus malaisé. Mais les mains libres de l'homme ne servent pas qu'à caresser, elles peuvent aussi guider la femme, spécialement en les posant sur ses hanches et en l'incitant à amplifier ou à réduire ses mouvements de bas en haut, à amorcer des mouvements de rotation ou encore à se fléchir en avant ou en arrière. De son côté, la femme a facilement accès au corps de l'homme pour le caresser tous azimuts, soit par tendresse, soit pour l'exciter. Elle peut l'embrasser sur le visage, sur la bouche en se penchant en avant.

• Mais l'avantage majeur c'est que la femme peut bouger comme elle l'entend, elle est maître de la manœuvre et peut faire ce qu'il faut pour se donner le meilleur plaisir possible. Elle peut régler la profondeur et l'angle de la pénétration du pénis en elle, le rythme, les pauses, et se donnant du plaisir, elle en donne à l'homme. Celui-ci est déchargé de la conduite des opérations et des initiatives à prendre.

• La femme peut très facilement se caresser le clitoris ce qui lui permet d'accéder à l'orgasme clitoridien et d'entraîner, par conditionnement, sa muqueuse vaginale à jouir jusqu'à l'orgasme.

• La femme en se penchant en avant favorise l'impact entre son clitoris et la base du pénis et le pubis de l'homme.

• La femme en se penchant en arrière favorise l'impact du pénis sur son point G.

• Cette position permet à un pénis non totalement érigé d'être introduit pour son bonheur et celui de la femme, car le point G n'est guère qu'à 4 cm de l'entrée. De toute façon, il n'est pas rare que le pénis, mis ainsi en confiance et en appétit, se mette à grandir.

Variantes d'Andromaque

• La femme est accroupie au lieu d'être à califourchon.

• La femme tourne le dos à l'homme au lieu de lui faire face.

FEMME À GENOUX

La position de la lionne
(dit vulgairement de la « levrette »)

C'est la position la plus excitante et la plus jouissive pour l'homme.

La femme est « à quatre pattes » sur ses genoux et sur ses coudes, la têtc reposant ou pas sur le lit, les cuisses étant légèrement fléchies et écartées. L'homme est à genoux entre les cuisses de la femme.

La vue de la femme présentant, on peut dire « pointant » ses fesses, sa vulve et son anus de façon aussi éclatante, voire impudique, est pour le mâle, irrésistible. En outre cette position évoquant l'union des quadrupèdes doit stimuler en nous un reste d'animalité : il y a sept millions d'années nos ancêtres qui n'avaient pas encore acquis la position verticale – debout –, se tenaient et marchaient le plus souvent à quatre pattes ; ils copulaient donc par l'arrière. Nous n'avons rien oublié et nous retrouvons tout naturellement nos atavismes.

La femme en lionne présente bien des avantages.

• L'introduction est facile, l'axe du pénis est exactement dans l'axe du vagin ; rien d'étonnant, c'était la position naturelle, celle de nos ancêtres animaux puis hominidés.

• La pénétration est profonde et atteint le col utérin et les plots des culs-de-sac vaginaux.

• Le point G est facilement impacté par le pénis.

• L'accès au clitoris par les mains de la femme comme par celles de l'homme est aisé.

• L'homme peut facilement caresser tout le corps de la femme et spécialement ses seins et ses fesses. L'homme peut mordre aisément le dos ou le cou de la femme.

• L'homme peut voir et admirer le corps de la femme en sa face postérieure : ses fesses, ses reins, son dos, sa nuque, ses épaules, ses cheveux. Il peut humer les fragrances de son sexe qui s'élèvent jusqu'à ses narines.

• Le contact entre le ventre de l'homme et les fesses de la femme est très agréable.

Au total, c'est la position où l'accès à l'orgasme est le plus facile pour les deux sexes.

Les mouvements sont effectués par l'homme d'arrière en avant et réciproquement. La femme peut aller au-devant des mouvements de l'homme ;

en synchronisme inversé. Elle pourrait aussi agir seule, l'homme étant immobile ; mais c'est une variation peu confortable.

Si les femmes aiment aussi cette position, c'est non seulement qu'elle leur apporte des plaisirs très forts mais c'est aussi qu'elle leur permet de faire à l'homme aimé un magnifique cadeau. Comme dans la caresse intérieure, les amants alternent les séquences de mouvements et les pauses. Les mains de l'aimant empoignent les hanches de l'aimée pendant l'action et vont jardiner son corps pendant les pauses. Romantiques, elles promènent leur douce pulpe sur les fesses, les flancs, le dos, le cou, les épaules, la nuque où elles éveillent soupirs et chair de poule. Félines, elles laissent traîner des griffes sur ces mêmes zones, histoire d'aiguiser les frissons ; elles iront même poser des petites griffures dans les fossettes de la nuque, histoire de faire dresser les cheveux. Gourmandes elles pétrissent à pleines paumes et par grands plis la glaise féminine, etc.

LA POSITION EN LOTUS

C'est la position de l'érotisme tantrique, la Mathunea. La femme et l'homme sont assis l'un en face de l'autre, les jambes pliées, celles de la femme posées sur celles de l'homme. C'est la posture de méditation. Le sexe de l'homme est inséré dans celui de la femme.

Les corps ne bougent pas. L'orgasme, ou plutôt l'extase, ne vient pas d'un va-et-vient mécanique mais du contact prolongé des deux sexes. Bien

entendu, il faut que l'homme ait une érection prolongée (mais pas forcément importante), ce qui
s'obtient par la maîtrise de l'éjaculation.

LA POSITION SUR TABLE

Les hommes en raffolent, les femmes y trouvent de
grands plaisirs. Il faut disposer d'une solide table,
comme ces tables de ferme en chêne ou en noyer.

La femme est allongée sur le plateau dans le sens
de la longueur, les fesses à la limite d'une extrémité, cuisses repliées sur l'abdomen, et un peu écartées, c'est-à-dire la vulve bien exposée et ouverte.
L'homme est debout entre les cuisses féminines.

Les avantages sont évidents.

• L'introduction est facile, le pénis étant à la hauteur de la vulve, laquelle est bien exposée. Et la pénétration peut être profonde.

• Les mouvements de l'homme sont aisés.

• Le clitoris est facilement accessible à la femme
aussi bien qu'à l'homme.

• La face antérieure du vagin, et donc le point G,
sont impactés pour un homme de taille moyenne
et une table de hauteur normale. Mais si la taille de
l'homme et la hauteur de la table font que le pénis
est plus haut que le vagin ce sera la paroi postérieure

(point P) qui sera touchée ; si le pénis est plus bas ce sera la face antérieure à nouveau.

Une variation : la femme est debout face au bord de la table, elle se penche et s'appuie sur elle, l'homme est debout derrière elle et la prend par l'arrière.

Les positions sont innombrables et nombreux les livres qui les décrivent. Plutôt qu'une étude exhaustive des postures, j'ai trouvé plus utile d'exposer les positions de base, leurs avantages et les points d'impact, ce qui permettra aux hommes de mieux cibler sur les zones sensibles du vagin les mouvements de leur pénis.

MOUVEMENTS LIBRES

Parmi les mouvements qu'apprécie l'homme et qui font autant plaisir à la femme, il y a : porter son bassin à la rencontre de l'homme pour accroître l'impact du gland sur la muqueuse vaginale et intensifier l'union des sexes, translater son bassin ou l'incliner pour cibler un point érogène vaginal.

À vrai dire l'homme adore lorsque la femme bouge son bassin. Sentir sous lui ou voir devant lui une femme onduler du bassin, le tortiller, telles les Orientales qui pratiquent la danse du ventre, est une sensation ou une vision plus qu'excitante, bouleversante. Hélas, la quasi-totalité des femmes occidentales ont le bassin verrouillé. Il est urgent qu'elles fassent des exercices pour apprendre à débloquer leurs vertèbres lombosacrées et leurs hanches. Ce devrait être une priorité de ces milliers d'associations de gymnastique et de yoga où elles passent au moins une soirée par semaine. Elles pourraient compléter ces séances par la pratique du « houla-hoop », ce cerceau qui assouplit si bien les hanches. Les hommes aussi du reste.

Bien entendu il faudra que les amants accordent leurs mouvements, les harmonisent, les synchronisent. N'oublions pas que l'amour est une danse.

Inversement, il faut veiller à ce que chacun n'entrave pas les mouvements de l'autre, et spécialement les mouvements de son bassin. Évitez de peser de tout votre poids sur l'autre. Quand l'homme est au-dessus de la femme, qu'il ne s'affaisse pas sur sa poitrine sous peine de l'étouffer, qu'il n'écrase pas son bassin qui, alors, ne peut plus danser ; pour libérer les mouvements de la femme, il doit prendre appui sur ses mains, redresser le buste et cambrer les reins. Quand c'est la femme qui est au-dessus de l'homme, elle doit veiller à ne pas bloquer son bassin afin qu'il puisse le soulever, le mouvoir.

Autre chose dont les hommes raffolent : quand la femme contracte par petits coups certains muscles de son vagin (le muscle constricteur de la vulve à l'entrée du vagin et le pubo-coccygien quatre centimètres plus haut). Nous avons vu dans les chapitres précédents comment actionner ces muscles et réaliser ces bijoux d'érotisme qu'appréciaient déjà les Chinois et les Hindous anciens, orfèvres en la matière. On lit dans *L'Ananga Ranga* : « Pour que le plaisir de son mari soit complet, la femme devra toujours s'efforcer de resserrer son yoni de telle sorte qu'il se moule au lingan, se dilatant et se comprimant à volonté, pareil à la main de la laitière Gopala qui trait la vache. Ceci peut s'apprendre… L'art, une fois appris, ne se perd plus. Son mari alors l'appréciera audessus de toutes les femmes ; et il ne l'échangerait pas contre la plus belle reine des trois mondes, tant est précieux à l'homme le yoni qui se resserre ! »

En guise d'introduction

La séquence pénétration est meilleure, tant pour la femme que pour l'homme, lorsque la femme est bien préparée par des caresses tous azimuts ; le summum étant lorsque la femme merveilleusement excitée réclame elle-même l'intromission. « Prends-moi ! Viens ! Oh viens vite ! » est une des plus belles prières qu'un homme puisse entendre. Sa vulve et son vagin sont ouverts et même éversés telle une fleur au meilleur de son épanouissement, leur muqueuse est parfaitement lubrifiée et leur chair gorgée de sang du désir. L'homme peut aisément y introduire sa verge. Toutefois, il est bon que la femme l'aide à le faire.

En effet, il est bon que la femme, tout d'abord, vérifie qu'elle est assez lubrifiée ; si ce n'est pas le cas (manque de désir, insuffisance de préparation, toilette préalable, veille des règles…), elle y remédiera en portant un doigt à l'entrée de son vagin, toujours humide, lui, et en ramènera la mouillure sur la surface de la vulve. À moins qu'elle y amène un peu de salive. Ensuite, la femme ouvrira sa vulve en écartant de ses doigts pilosité et grandes lèvres.

Puis, prenant le pénis d'une main, elle le guidera vers l'orifice vaginal, tout en faisant des petits mouvements d'avancée de son bassin à la rencontre de l'homme. Enfin, retirant sa main du pénis, elle saisira à deux mains les hanches de l'homme et le tirera vers elle. C'est l'instant délicieux où chacun sentant la verge s'enfoncer tressaille de plaisir et de joie.

C'est dans la stricte position du missionnaire (femme dessous, jambes allongées) que l'introduction est la plus difficile, surtout si la femme ne donne pas un coup de main. Mais dans les trois variations : jambes de la femme en l'air, jambes sur la taille ou les épaules de l'homme ou jambes fléchies sur son propre ventre, ses genoux touchant ses seins, la vulve est mieux exposée et l'introduction plus aisée. Pour améliorer encore l'introduction, l'homme pourra se mettre à genoux et la femme un coussin sous les fesses.

Dans la position d'Andromaque, femme à genoux et à califourchon sur l'homme, la vulve baille au maximum et donc l'introduction est facile. Celle-ci sera confiée à la femme qui a toute liberté de manœuvre pour initier et opérer l'intromission, libres sont ses mains, libre est son bassin.

Dans la position de la lionne, l'exposition et l'écartement de la vulve sont idéales et l'introduction par l'homme rêvée. Toutefois, il est bon quand même que la femme guide de deux doigts le pénis pour le faire glisser dans la vulve comme une lettre à la poste. Et puis l'union doit toujours être un duo. Il faut veiller à la perfection de la position : la femme doit avoir les genoux devant son bassin, c'est-à-dire sous son ventre afin que son postérieur pointe bien ; l'homme doit mettre ses cuisses et ses genoux entre les cuisses un peu écartées de la femme ; ainsi chacun étant bien positionné, vulve et pénis se retrouvent nez à nez et le bal des ardents pourra débuter. Attention toutefois : que l'homme ne se précipite pas tête baissée au fond du cul-de-sac vaginal postérieur il pourrait en coûter quelque douleur à sa cavalière. Qu'il esquisse quelques pas de danse, poussant doucement et par petits coups son pénis dans le palais vaginal.

Durée du coït

« Bref », le coït se déroule en quelques minutes. L'homme en érection peut éjaculer entre une et quatre minutes. La femme excitée et au vagin suffisamment éveillé et « entraîné », c'est-à-dire ayant atteint sa « majorité sexuelle », arrive à jouir aussi en quatre minutes. Cette brièveté se voit dans les embrasement soudains et joyeux : les partenaires également très désirants et très excités se retenaient depuis quelques heures quand ils se retrouvent enfin seuls l'un en face de l'autre ; alors ils se jettent sans préambule et fougueusement l'un sur l'autre, avec une faim comparable. C'est l'amour « à la hussarde » où les partenaires ne prennent même pas le temps de se déshabiller ou alors s'arrachent les vêtements. Hélas, le plus souvent le coït bref est la façon habituelle de faire l'amour des hommes sous-développés sexuellement ; pour le plus grand malheur de leur compagne.

D'une « durée moyenne », le coït occupe quinze minutes. C'est « l'ordinaire » de la majorité des gens, la « messe basse ». Mais on peut quand même se faire du bien dans cet intervalle. Et puis on peut s'offrir une « grand-messe » de ci et de là.

« Longs » les coïts atteignent quarante minutes. C'est la grand-messe. Pour les jours fériés, les RTT, les vacances.

« Très très long » (TTL), le coït occupe 4, 5, 6 heures. C'est la grande fête, quasi le festival. À faire de temps en temps. Expérience merveilleuse pour un couple. Ça vous rapproche plus encore. Ça unit encore plus.

Bien entendu, dans toutes ces unions sexuelles qui durent, la maîtrise de l'éjaculation et de l'art de la caresse intérieure est indispensable. Au cours de ces longues unions, la femme récolte plusieurs orgasmes ; parfois les orgasmes s'enchaînent de façon continue, mettant la bénéficiaire dans un véritable état de transe. Quant à l'homme, il n'est pas de reste, la durée fait croître sans cesse sa volupté, fortifie son érection et lui offre nombre de pré-orgasmes.

La plupart des gens disent qu'ils n'ont pas le temps de faire l'amour, l'amour long en particulier. En vérité, chacun peut trouver le temps nécessaire, il suffit de supprimer une soirée de télévision, un spectacle, un match. La vie sexuelle, dans un couple, doit avoir la priorité.

JOUIR EN MÊME TEMPS

L'orgasme simultané, l'homme en rêve. Et c'est lui qui peut le mieux le provoquer : progressivement, il a fait monter l'excitation de son amoureuse par des préliminaires puis par une pénétration prolongée ; maintenant, l'excitation de la femme est à son comble, il la sent prête à décoller ; alors il déchaîne ses mouvements, son orgasme éclate et son éjaculation fuse ; la femme perçoit soudain le terrible plaisir de l'homme, ses mouvements accélérés, son souffle précipité, ses cris et elle sent son pénis devenu hyper-brûlant et hyper-magnétique frémir, battre et expulser un liquide chaud qui inonde son ventre, tandis que l'homme l'étreint avec force. Alors au summum de l'excitation, elle déchaîne son corps et jaillit dans l'orgasme.

Il est une autre façon d'atteindre la communion orgasmique : l'homme fait l'amour de la meilleure manière qui soit pour amener la femme à un haut niveau d'excitation. Tant que la femme n'y accède pas, il contrôle son éjaculation ; mais lorsqu'il sent sa compagne commencer à s'élancer, il accélère ses mouvements pour rattraper la femme et ils éclatent ensemble.

C'est une expérience des plus marquantes que celle de se déchaîner ensemble, de danser frénétiquement ensemble, de crier et de souffler ensemble, de partager un plaisir extrême et un état de conscience sublime fait d'unité et de félicité. C'est la fusion vécue absolument.

Toutefois ce ne doit pas être le but de tout rapprochement : il n'est pas atteignable à tous les coups ; et puis il faut dire que lorsqu'on est dans son propre orgasme, on ne peut être tout à fait attentif à l'orgasme de l'autre, or de voir et de vivre bien consciemment le plaisir suprême de son aimé(e) est un événement extrêmement important. Donc il vaut mieux, le plus souvent, avoir un orgasme chacun son tour.

Que l'on commence par l'orgasme de la femme (un ou plusieurs), car l'homme après son orgasme présente sa fameuse phase réfractaire où son désir et son érection retombent, or quand c'est fini pour l'homme c'est fini pour la femme. Que l'homme se maîtrise le temps que la femme monte en excitation et accède à quelques orgasmes. Puisqu'il s'accorde, s'il la décidé, un orgasme personnel avec éjaculation. C'est une option. La caresse intérieure sans éjaculation en est une autre.

Chapitre IX

LE SEPTIÈME CIEL

AU MASCULIN

Le cycle du plaisir comprend chez l'homme comme chez la femme : la phase d'excitation ascendante, la phase d'excitation en plateau, l'orgasme, la phase de résolution et la phase réfractaire.

La phase d'excitation ascendante

Les différents stimuli, soit directs, c'est-à-dire portant sur la verge, soit indirects, c'est-à-dire jouant par l'intermédiaire des organes des sens – la vue, le toucher, etc. – provoquent un afflux de sang dans les tissus érectiles de la verge. Cette intumescence ou turgescence entraîne l'érection ou rigidification de la dite verge. Tout le bassin reçoit aussi un afflux de sang et tous les organes pelviens se congestionnent. Pendant cette phase le plaisir apparaît et croît. Il est de plusieurs sortes.

Plaisir provoqué par des contacts extérieurs : stimulations diverses (digitales, buccales, etc.) appliquées sur la verge, ou frottement de la verge sur une surface (le vagin, le sein, etc.)

Plaisir engendré par l'érection perçue de l'intérieur : sensation de remplissage, d'engorgement par le sang et sensation de tension du sang sous pression.

La phase d'excitation en plateau

L'intumescence est à son plein, l'érection à son maximum et se maintient de façon constante.

Ici, le plaisir continu de croître, devient superlatif pour atteindre une intensité extraordinaire juste avant que n'éclate l'éjaculation.

C'est au cours de cette phase que les bourses se ramassent et que les testicules ascensionnent jusqu'au périnée, cela afin d'éviter d'être ballottés en tous sens au cours de l'acte sexuel. Les bourses augmentent de 50 % leur volume.

La phase d'imminence d'éjaculation

Avant que ne jaillisse le sperme, l'homme ressent une sensation de plaisir aiguë à la surface de son gland, liée, elle, aux frottements sur la muqueuse vaginale et une autre, plus aiguë, plus terrible à la racine de la verge, là ou elle s'implante sur le périnée, liée, elle, à la mise en tension des voies spermatiques (vésicules séminales, prostate, urètre) et plus précisément à l'accumulation du sperme dans l'urètre prostatique et donc à la pression de ce sperme. Un petit bouton muni de capteurs sensibles – le veru montanum qui se trouve dans l'urètre prostatique – informe du niveau de cette pression et du plaisir qui va avec. Ce plaisir plus aigu constitue le point pré-éjaculatoire ou point d'imminence de l'éjaculation.

À cet instant si les stimulations cessent (celles de la main, de la bouche ou du coït), le réflexe éjaculatoire ne se produira pas.

La phase d'éjaculation

Si les stimulations continuent encore quelques dizaines de secondes, on franchit le point de non-retour et le réflexe se déclenche brusquement, de façon irrésistible, sans que la volonté n'y puisse rien, non plus qu'une quelconque menace extérieure ; le sperme est expulsé et l'homme est emporté par un plaisir culminant : l'orgasme, un plaisir à crier. Mais rarement l'homme ose crier, ce qui est regrettable car il jouirait encore plus fort.

L'éjaculation, comme on l'a vu au chapitre précédent, correspond à des contractions rythmiques des voies spermatiques et du périnée. À chaque secousse expulsive correspond un pic de plaisir ; les trois premiers pics de plaisir sont extrêmement forts, les suivants vont decrescendo. La quantité de plaisir n'est pas proportionnelle à la quantité de sperme. S'il y a plusieurs éjaculations successives, à la fin, les plaisirs-orgasmes seront secs, mais extrêmement voluptueux.

LES VOIES DU SPERME

Elles conduisent le sperme des testicules à l'extrémité du gland. Le circuit est complexe, les voies spermatiques comportant une succession de conduits sur lesquels se branchent des réservoirs et des glandes. La première section – dite épididyme – est située sur le pôle supérieur de chaque testicule ; en forme d'entonnoir, elle recueille le sperme sécrété par la glande correspondante. La seconde section – dite canal déférent – longue de plusieurs centimètres, part de l'épididyme, gagne l'intérieur du bassin et aboutit en un point situé sous la vessie où elle reçoit un fin canal issu d'une vésicule séminale. La troisième section – dite canal éjaculateur, longue de quelques millimètres – va du point sus-cité jusqu'à l'urètre prostatique. La quatrième section – dite urètre prostatique – longue de 15 millimètres, traverse la prostate et atteint le pénis ; à ce niveau elle reçoit les canaux excréteurs des glandes de Cooper. La cinquième section – l'urètre pénien – suit l'axe du corps spongieux jusqu'à l'orifice du gland.

Les vésicules séminales sont de petits réservoirs qui sécrètent un liquide dit séminal qui constitue les 2/3 du sperme ; elles stockent les spermatozoïdes venus des testicules et le liquide séminal. Lors de l'éjaculation, ces réservoirs se contractent et chassent le sperme dans l'urètre.

La prostate est une glande située sous la vessie et entourant l'urètre dès sa sortie de la vessie, urètre justement appelé « prostatique ». La prostate a une forme de châtaigne et mesure 15 millimètres. Elle est plus développée en arrière, c'est-à-dire vers le rectum ; c'est pourquoi en pratiquant un « toucher rectal », c'est-à-dire en mettant un index dans l'ampoule rectale, on sent bomber cette prostate, ferme, élastique et lisse. Elle sécrète un liquide qui entre pour 1/3 dans la constitution du sperme. Elle a une sensibilité certaine qui peut en faire une zone érogène douée d'un potentiel orgasmique. De plus, en se contactant par secousses elle participe à l'orgasme général.

Les glandes de Cooper sont situées sous la prostate. Elles sécrètent, quand le désir pointe ou qu'une excitation survient, quelques gouttes d'un liquide qui a pour mission de lubrifier et de nettoyer l'intérieur de l'urètre afin que le sperme y glisse parfaitement. Ces gouttes apparaissent à l'extrémité du gland, au méat urinaire : c'est la « rosée d'amour » ; elle apparaît plutôt chez les jeunes.

L'éjaculation

Le sperme est formé de sécrétions venant des testicules, de la prostate et des vésicules séminales. Il est stocké dans les vésicules séminales. Avant que de jaillir sous l'effet de l'excitation, le sperme s'accumule dans l'urètre prostatique, entre l'anneau musculaire qui ferme la vessie en haut et l'anneau musculaire qui ferme l'urètre en bas à sa sortie de la prostate. Pris entre deux anneaux fermés, la pression du sperme s'accroît, accroissement capté par un bouton sensible – le « veru montanum » – qui déclenche l'éjaculation lorsque la pression atteint un certain niveau. Alors, l'anneau du haut se resserre plus encore pour empêcher le sperme de remonter dans la vessie (ce qui arrive parfois, c'est l'éjaculation rétrograde), tandis que l'anneau du bas s'ouvre pour laisser passer le jet de sperme.

Parallèlement, des muscles se contractent en synergie pour expulser le sperme de l'urètre prostatique vers l'extrémité du gland.

• Contraction des voies spermatiques : canaux déférents, vésicules séminales et prostate.

• Contraction de l'urètre prostatique.

• Contraction des muscles du périnée en particulier des muscles bulbo-caverneux et pubo-coccygiens qui alors pressent l'urètre qu'ils enveloppent.

Les contractions sont rythmiques, cadencées (alternance contraction-relâchement) ; l'intervalle entre deux contractions est de 8/10 secondes, il est plus grand pour les dernières ; le nombre total de contractions est de 3 à 6 ; les premières sont violentes et les dernières plus douces. La durée totale de l'éjaculation est de 8 à 15 secondes. L'éjaculation est un réflexe automatique que la volonté ne peut ni provoquer, ni suspendre. La jouissance orgasmique précède le train de contractions puis l'accompagne. Elle est ressentie dans le pénis et la prostate.

On remarquera la similitude des réactions orgasmiques de l'homme et de la femme. Chez les deux, l'orgasme s'accompagne de contractions rythmiques des muscles du périnée selon la même cadence. Comme la femme, l'homme devrait renforcer sa musculature périnéale par des exercices pour accroître l'ampleur de son orgasme.

La phase de résolution

Les stimuli cessant, le sang en quelques secondes quitte les tissus érectiles : les corps caverneux et le corps spongieux se vident. C'est la détumescence. Le pénis reprend sa taille de repos et sa flaccidité. Le sac scrotal se relâche, les testicules redescendent. Le gland reste hypersensible, voire douloureux ; s'il est demeuré dans le vagin, ça l'empêche de bouger, s'il est sorti, ça le rend intouchable.

L'homme est fatigué, « vidé », il a besoin de repos, il a aussi envie de dormir irrésistiblement. De plus, il a du vague à l'âme, il est mélancolique. *« Post coïtum omne animal triste »* remarquait déjà Gallien. Ce triste état a deux origines : une origine biochimique liée à l'effondrement du taux des neuro-hormones du plaisir (endomorphines, etc.) après qu'elles aient atteint un pic au moment de l'orgasme ; et une origine psychique due à la déception de l'homme qui, pendant quelques instants, avait jailli au septième ciel, y avait connu une brève fusion avec sa partenaire, mais n'a su y rester et est retombé plus bas que terre et plus seul que jamais.

À vrai dire, cet état pitoyable de fatigue et de langueur est le fait de l'homme machiste qui réduit l'acte sexuel à une banale séquence de « pénétration-éjaculation » par ailleurs dépourvue de sens. L'homme généreux, au contraire se trouve régénéré et dans un état de conscience supérieure – l'extase – étant donné qu'il pratique la maîtrise de l'éjaculation et la « caresse intérieure », comme nous l'avons vu au chapitre VII.

La phase réfractaire

Elle double la phase de résolution. L'homme y est devenu réfractaire à toute activité sexuelle : il est moins sensible aux stimulations diverses, son désir est diminué, voire annulé, son érection réduite, voire impossible. Cette phase réfractaire dure, selon l'âge, de quelques minutes à quelques jours ou à quelques mois. Elle est moins marquée chez les hommes jeunes ou chez les hommes à forte libido ; chez eux, désir et érection persistent après l'éjaculation, aussi peuvent-ils répéter les coïts jusqu'à 3 à 4 fois contre 1 ou 2 fois pour la population masculine moyenne. Ils ne seraient que 15 % à pouvoir répéter, presque sans compter, leurs éjaculations.

La phase réfractaire et ses inconvénients concernent spécialement l'homme machiste en raison de sa façon de faire l'amour qui, nous l'avons assez vu, se réduit à la séquence aussi banale qu'automatique « pénétration-éjaculation ». Hélas, cette phase est encore plus catastrophique pour la partenaire de cet homme. Elle aimerait que les ébats durent et rebondissent pour atteindre à son tour l'orgasme et elle aimerait baigner enduite dans de tendres postludes. Ce qui est impossible avec un homme ayant perdu son désir et son excitation, en un mot désintéressé.

Les hommes généreux ne connaissent pas les effets négatifs de la phase réfractaire. La pratique de la « caresse intérieure » et du contrôle de l'éjaculation fait que leur désir et leur érection persistent aussi longtemps que dure la relation sexuelle et même après, quel que soit leur âge. Leur partenaire peut donc atteindre l'orgasme et le répéter. Ensuite, ils restent blottis physiquement et unis psychologiquement, dans un état de conscience privilégiée.

Les réactions du corps

La peau rougit, souvent par tâches, et devient plus chaude, plus attirante, plus « magnétique ».

La pupille des yeux se dilate. Cette « mydriase » est un signe de désir et de plaisir. Elle est aussi un signal qui éveille le désir de l'autre, comme nous l'avons déjà vu. C'est elle encore qui donne au regard sa profondeur et sa beauté pendant l'union sexuelle. Cependant, cette mydriase a un inconvénient : elle provoque une hypersensibilité à la lumière, voire une photophobie ; la pupille grande ouverte laisse entrer trop de jour. Il faut donc que les amoureux atténuent la lumière et même qu'ils ferment les yeux au cours de l'orgasme.

Les mamelons se dressent et se congestionnent, toutefois, moins chez l'homme que chez la femme.

Les muscles sont très actifs pendant l'acte, voire déchaînés dans l'acte ordinaire de l'homme ancien mais au contraire paisibles dans la caresse intérieure de l'homme nouveau. Ils sont même immobiles dans la relation tantrique. Ils se détendent totalement après l'orgasme. Les muscles du visage se crispent dans l'acte ordinaire mais ils restent doux dans la caresse intérieure ; ils sont carrément « zen » dans la relation tantrique, ce qui donne au visage cet aspect radieux qu'on trouve aux couples sculptés sur les temples orientaux.

Le cœur s'accélère et ses contractions s'amplifient. Dans l'acte ordinaire, le rythme cardiaque peut atteindre 110 voire 160 pulsations par minute et friser la tachycardie ; ce qui n'échappe pas à la partenaire qui sent le cœur de son homme cogner très fort. La tension artérielle monte de 3 à 6 points. Ces modifications cardio-vasculaires doivent rendre prudents les hypertendus. Dans la caresse intérieure le pouls et la tension augmentent beaucoup moins.

La respiration s'accélère passant de 18-20 inspirations par minute à 30 voire 40, ce qui est de l'essoufflement. Après l'orgasme, la respiration s'apaise et un (ou deux ou trois) gros soupir termine ce decrescendo. Dans la caresse intérieure, la respiration s'accélère sans atteindre l'essoufflement.

Le vécu de l'orgasme

L'homme égoïste qui « saute » une femme, qui « tire son coup », c'est-à-dire qui exécute l'acte sexuel presque sans préliminaires, sans guère de raffinement et en un temps court, ne peut avoir qu'un plaisir réduit et limité à ses organes sexuels. Il ressent pendant le va-et-vient un plaisir aigu à la surface du gland qui frotte sur la muqueuse vaginal ; et au moment de l'orgasme, une jouissance extrême d'allure explosive par sa brutalité soudaine et à type de crampe voluptueuse (ne dit-il pas « tirer sa crampe » ?) qu'il ressent à la racine de la verge et dans le périnée. C'est un plaisir du zizi et de sa racine. Parfois ça peut irradier dans le dos ; mais ça ne s'expanse pas, ça n'englobe pas tout le corps, ça n'implique pas l'homme, c'est un plaisir d'organe, un plaisir partiel, fugitif, qui ne fait que passer. Tout se passe comme si l'homme voulait se décharger d'une tension nerveuse, se débarrasser d'une excitation en les déversant avec agressivité dans le vagin. Comme s'il avait à relever un challenge, celui d'éjaculer, et qu'il devait, pour y arriver, s'éreinter et ahaner.

L'homme généreux, lui, fait précéder l'acte sexuel de longs préliminaires plus ou moins raffinés intéressant toutes les parties du corps et tous les sens. L'acte lui-même, accompli selon l'art de la « caresse intérieure », dure un certain temps (de plusieurs minutes à plusieurs heures). Aussi les plaisirs sont infiniment plus longs, plus forts et plus totaux. Les plaisirs de la verge sont croissants et très intenses, ils irradient dans le périnée et dans les reins, ils enchantent tout l'être. Quant à l'orgasme, il est fantastique, il explose du gland à la racine de la verge et ses ondes de choc fusent dans tout le corps, ravageant le périnée, soufflant le bassin, éclatant dans le ventre, arrachant la colonne vertébrale, irradiant dans le thorax, pour exploser à nouveau dans la tête. Le corps se dilate, le corps s'expanse, le corps chante, le corps crie, le corps brille.

Alors, le plaisir de l'homme n'a rien à envier à celui de la femme. En plus, dans la caresse intérieure il peut répéter ses acmés. Du reste, les descriptions masculines de l'orgasme rejoignent celles des femmes.

Chers orgasmes

« Je sens très rapidement une sensation de plaisir très aigu dans le pénis, spécialement dans sa racine. Puis je sens des secousses formidables dans cette racine et des saccades de sperme passant par ma verge ; alors le plaisir passe dans mon ventre, puis il monte dans mon dos. Ça envahit tout mon corps, ça prend possession de moi. »

« C'est une tension dans ma verge, dans mon bas-ventre qui croît, qui croît et soudain, c'est l'explosion. Le plaisir est terrible, il brûle mon sexe et embrase mon ventre. Je perds la tête, jc ne sais plus rien, je ne sais plus où je suis, qui je suis. C'est l'ivresse. »

« C'est un séisme, des ondes parcourent ma verge, secouent mon ventre puis tout mon corps des pieds à la tête. Je quitte la Terre, je m'envole. »

« C'est violent, ça vous emporte comme un cyclone. Tout mon corps chavire, ma tête chavire. Je ne suis plus là. Le temps n'existe plus. »

Bien entendu l'orgasme n'est pas toujours au summum. Ça varie avec les jours, le stress, la fatigue. L'orgasme est suivi d'une profonde détente musculaire et nerveuse et d'un immense bien-être. L'homme raffiné aime rester blotti dans les bras de l'autre, baignant tout deux dans la même euphorie, ne faisant toujours qu'un. Cet « après-orgasme », dans ces conditions, est un des plus grands bonheurs qu'un humain puisse connaître : « Après l'amour, j'aime rester en elle, mon sexe bien chaud et moi dans ses bras et elle dans mes bras. C'est le nirvana. »

Le périnée : une lyre en délire

Comme l'avaient montré les travaux fondamentaux de Masters et Johnson, l'orgasme s'accompagne de la contraction spécifique d'un groupe de muscles particuliers : les muscles périnéaux.

Le périnée, qui est le fond du bassin, est constitué d'un tressage de muscles dont le principal est tendu entre le pubis et le coccyx en arrière : le muscle pubo-coccygien. Quand survient l'orgasme (et l'enregistrement montre que la sensation précède le train d'ondes musculaires), les muscles du périnée, dont le fameux pubo-coccygien se mettent à se contracter, par intermittence et en cadence, autrement dit, ils présentent des contractions érectiles rythmiques, ils battent comme des ondes qui vibrent. L'intervalle est de 0,8 seconde, le nombre de contractions-battements de 8 à 14. C'est exactement ce qui se passe dans les orgasmes de la femme.

Chapitre X

LA PANNE D'ÉRECTION :

COMPRENDRE

ET AIDER L'HOMME

L a panne c'est l'impossibilité pour la verge de se mettre en érection et l'impuissance où est l'homme de la commander. « Impuissance », le mot est lâché : il dit bien que le roi le plus prestigieux, le savant le plus brillant n'y peuvent rien, que la volonté est incapable de déclencher le phénomène de la turgescence.

Face à une femme qu'il voudrait pénétrer ou qui souhaite être pénétrée, l'homme se trouve alors dans une situation extrêmement difficile et humiliante, car c'est sa virilité qui est en cause.

On évite actuellement le terme « impuissance » qui a une connotation tellement négative. On préfère dire : « panne », « asthénie sexuelle », « troubles de l'érection » ou « dysfonctionnement érectile » qui est le terme officiel, ainsi défini : « C'est l'incapacité à obtenir et à maintenir une érection suffisamment rigide et durable pour permettre une relation sexuelle satisfaisante ». En effet, l'érection est la condition de l'union sexuelle.

ÇA N'ARRIVE PAS QU'AUX AUTRES

Ce que nous appelons « pannes », Stendhal l'appelait « fiasco ». Oui, la panne, tout homme l'a connue, la connaît ou la connaîtra.

La déception du plaisir raté n'est rien en comparaison de la honte que ressent l'homme vis-à-vis de la femme, et du profond sentiment de dévalorisation qui le crucifie. C'est son statut d'homme qui est en question. « Je ne suis plus un homme » pense-t-il.

Voilà qui nous punit d'avoir brandi le phallus érigé comme l'étendard de la virilité et le symbole d'une supériorité qui nous permettrait de dominer la femme. Mal nous en prit car l'érection est la fonction la plus vulnérable, sauf chez les barbares.

Si la panne se renouvelle, ou pire s'installe sur un mode chronique, les conséquences en sont graves. Pour la vie sexuelle d'abord : dans les premiers temps, l'homme garde l'espoir ; s'il monte au front avec appréhension, il se dit toutefois que ça pourrait peut-être fonctionner ; mais les échecs s'accumulant, il renonce à faire l'amour et fuit même la femme.

Pour le couple les suites sont funestes aussi : pour tester ses capacités de bandaison, l'homme commet quelques infidélités ; pour tester sa désirabilité et s'octroyer des plaisirs compensatoires, la femme s'autorise quelques aventures extraconjugales, les humeurs sont mauvaises, des conflits éclatent, le désamour gagne, le couple est en danger. Enfin, pour l'impuissant, les conséquences psychiques sont dramatiques : mésestime de soi, perte de confiance en soi, perte de la qualité de vie, état dépressif, déstructuration. Certains finissent par se suicider.

Ce sont chez les hommes de rang « supérieur » et chez les mieux « baraqués » que l'asthénie érectile est le plus mal vécu.

LES CAUSES DES PANNES

Il existe plusieurs causes possibles :

• Causes psychiques

Pour que l'érection se déroule parfaitement, il faut que les vaisseaux et les nerfs qui y participent, à chaque étage du système érotique, soient en bon état. Toute altération entraînera un dysfonctionnement érectile. On peut donc à ce dysfonctionnement trouver des causes psychiques, des causes organiques et des causes toxiques. Ceci posé, neuf pannes sur dix ont une cause psychique. Néanmoins, avant de dire « c'est psychologique », il faut s'assurer qu'il n'y a pas d'altération organique en pratiquant un examen physique et un bilan sanguin.

Parmi les causes psychiques, les émotions et spécialement les émotions de peur et d'anxiété sont les premières.

Les émotions les plus contraires à l'érection sont : la peur, l'anxiété, l'angoisse, l'appréhension, l'inquiétude, le stress, la colère, l'agressivité. Toutes situations qui déclenchent de telles émotions sont fatales pour la turgescence.

Il est une autre cause psychique du trouble de l'érection : c'est le manque de désir. Pas de désir, pas d'érection, c'est logique. Ce manque peut venir de l'homme lui-même : préoccupations, fatigue, dépression, maladie, autant de raisons qui coupent toute envie de faire l'amour.

Ces pannes d'origine psychique affectent plus particulièrement les hommes sensibles et émotifs, les hommes cultivés et les hommes nouveaux. Elles ne concernent pas les barbares et très peu les hommes anciens.

• Les causes organiques

Un ou plusieurs organes de la fonction sexuelle est malade. Pour le dépister, il faudra ausculter l'homme, faire une analyse de son sang (doser le sucre, c'est-à-dire la glycémie, les graisses, c'est-à-dire le cholestérol et les triglycérides, et l'hormone mâle autrement dit la testostérone) ; les explorations spécialisées concernant la verge et l'érection viendront ensuite.

• Les causes toxiques

Tabac, alcool, drogues, médicaments peuvent aussi être à l'origine des pannes.

LE RÔLE MAJEUR DES FEMMES

Face à une panne, elles peuvent achever un mâle ou le sauver, être la meilleure alliée de la sexualité masculine ou son pire ennemi.

Mais voyons d'abord comment la femme prend la chose. Ce qu'on croyait être un drame pour nous s'avère être un drame pour elle : « S'il ne bande plus, c'est que je ne suis plus bandante », traduisez « désirable », « séduisante ». Alors que nous désespérions de n'être plus suffisamment homme, voilà que c'est elle qui désespère de n'être plus suffisamment femme. Et nous qui souhaitions être rassuré et consolé ! Il nous faut la sécuriser et la cajoler : « Ma chérie, tu es plus attirante que jamais. Oui tu es parfaitement femme. Et tu es la meilleure des amantes. C'est moi qui suis fatigué. »

Alors le visage de la femme s'éclaire et elle décide de s'occuper de nous. « Ce n'est pas grave, mon chéri, tu travailles trop. Si ça ne va pas ce soir, ça ira demain ! » Le malheur, c'est qu'on n'a pas envie d'attendre demain pour voir si nous sommes encore un homme. Notre attitude et notre mine montrent à l'évidence que ce qui est pour elle un incident, est pour nous une catastrophe. Quant à notre discours, il ne trahit pas moins qu'une véritable angoisse existentielle. Elle comprend alors que si ça ne se remet pas en marche ce soir c'est la nuit blanche assurée et l'humeur noire jusqu'à perpète. C'est le moment de se remémorer ces articles de la presse féminine à propos de la panne : « Prenez ça au sérieux, l'homme est tout entier dans son zizi. Une panne est terrible pour lui. »

Alors la fibre maternelle de l'aimante vibre. « Tu as dit maman bobo, j'arrive. » Sauf qu'il lui faut se comporter à l'inverse d'une mère qui, elle, pratique la répression face aux activités péniennes de son garçon et veut tout ignorer. Qu'importe, la voilà qui entreprend un branlage de la verge assoupie avec compassion, tendresse et, qui sait, un soupçon de désir.

Du va-et-vient, elle croit tout savoir. Mais ni l'un ni l'autre n'a été dans la peau de l'autre. Ni l'un ni l'autre n'a montré à l'autre comment faire : la subtilité des mouvements, l'intensité, l'amplitude, le rythme. Bref, la femme qui croit bien faire confond en réalité la verge de son amant avec un pis de vache ; ses mouvements de traite se révèlent inadéquats. Bientôt elle s'étonne que la verge ne s'érige pas majestueusement. Elle se fatigue, elle se lasse. Et lui n'ose pas expliquer ce qui ne va pas et comment elle devrait s'y prendre. Mais si les manœuvres féminines ne l'ont pas fait bander, elles l'ont un peu plus excité. Pas question d'arrêter et de remettre ça à demain, comme il sent bien que la femme le souhaite.

Il a l'air si dépité et dans une telle attente qu'elle décide de changer de tactique. N'écoutant que son bon cœur, elle porte sa bouche sur le pénis. Celui-ci apprécie, frémit, frétille et se tend enfin vers le palais de la ravissante charmeuse de serpent. « Oui ma chérie, oui, continue ! ». C'est vrai que c'est pas mal, mais il manque quelque chose pour que ce soit parfait et radical. La verge s'essouffle. Madame aussi. Son cou lui fait mal. Elle relève un peu la tête et la verge pique du nez. « Chérie, on va dormir… »

Il voudrait lui dire comment améliorer sa technique, mais il n'ose toujours pas. Elle est fatiguée, elle considère qu'elle a fait le maximum. Lui, pense qu'après tout c'est lui le coupable, l'incapable. Elle arrête. Il est tellement excité qu'il voudrait se bran-ler, pour ne pas rester comme ça en suspens, pour se soulager. Il n'ose pas non plus. Mais en lui-même, il se dit : « Si j'avais mis aussi peu d'application, si j'avais consacré aussi peu de temps à caresser ton clitoris ou ton point G, tu n'aurais jamais joui. » Amer ? Oui ! Il y a de quoi.

Alors, il décide de rédiger un mini-manuel de la parfaite réanimatrice de verge.

• D'abord, la femme ne doit pas penser qu'elle n'est plus désirable, ce qui est rarement le cas. Et si elle le pense, qu'elle décide d'être plus sexy et de devenir experte en matière d'érotisme.

• Par contre, il lui faut considérer que son homme est dans une situation plus douloureuse qu'elle ne le croit. Que si les femmes peuvent simuler, les hom-mes, eux, ne peuvent pas tricher : leur infortune est exposée à la face du monde.

• La femme doit rassurer son homme, lui dire qu'il y aura forcément une solution au problème, que la vi-rilité ne se mesure pas à la raideur du pénis et qu'elle l'aime pour ce qu'il est et pas pour son érection.

• Ensuite, elle entreprend les grandes manœuvres. Tout d'abord, caresser et embrasser l'ensemble du corps de son aimé – le troisième cercle – pour le détendre, l'apaiser, faire baisser son taux d'adrénaline. Un massage du cuir chevelu, ou du dos ou des pieds, c'est radical question adrénaline (voir chapitre II).

• Ensuite, l'amante va s'ingénier à stimuler avec les doigts et avec la bouche les points érogènes du deuxième cercle, en particulier ceux du périnée, tel le fameux point H (voir chapitre III).

Puis, elle va passer aux points les plus érogènes du pénis : les point A et B du fût pour aboutir aux points les plus exquis du gland, le frein et la couronne (voir chapitre III).

• Et tout cela, que la femme le fasse par le jeu en disant à son ami : « Écoute, on s'amuse bien, profite bien de chaque plaisir mais ne cherche pas à bander, ça se fera tout seul. » Qu'elle le fasse au mieux, bien centrée sur ses gestes et ses sensations, attentive aux réactions de l'homme et avec subtilité. Qu'elle passe le temps qu'il faut. Surtout qu'elle ne bâcle pas !

Quand le corps de l'aimé baigne dans le plaisir, elle peut « attaquer » le branle. Elle le pratiquera dans les règles de l'art (voir chapitre V), sans automatisme, avec ferveur, en sentant bien ce qu'elle a sous les doigts, en faisant glisser le prépuce sur le gland, en modulant les pressions (un peu plus fortes sur la hampe, un peu plus légères sur la couronne du gland), en alternant les amplitudes du mouvement de coulissage (plus ou moins bas sur le fût, plus ou moins haut sur le gland). Pas trop vite, mais dans un temps soutenu, en accélérant au cas où l'orgasme s'annoncerait. En tout cas sans interruption. Que la femme écoute son instinct, qu'elle redevienne la femme sauvage.

Après un certain temps de branle, l'amante passera au baiser pénien. Bien entendu, si au cours d'une de ces étapes, la verge présentait une fermeté durable, les amants pourraient tenter de l'introduire dans le saint des saints ; en général, quand elle y est, elle se réjouit et l'affaire est dans le sac. Si l'érection ne tient pas ou a fortiori ne se produit pas, il faut passer à l'étape suivante, en l'occurrence, le baiser pénien ou fellation, que la femme exécutera à la perfection, de tout son cœur, de toute son âme, en tout cas sans automatisme, avec gourmandise et délectation. Que ce soit pour elle un régal (voir chapitre VI).

En réalité, la perfection c'est d'associer des mouvements de branle avec les doigts sur le fût et des mouvements de coulissage et de succion avec la bouche sur le gland. Cette association constitue ce qu'il y a de plus fort pour réveiller un pénis, surtout lorsqu'il a été préparé par tout ce qui précède. Et toujours faire sans se presser, sans être tendu de façon obsessionnelle vers la bandaison.

La femme doit savoir qu'un pénis à demi-érigé, voire flaccide, peut s'introduire dans le vagin dans certaines positions, en particulier dans la position d'Andromaque : la femme à genoux et à cheval sur les cuisses de l'homme, a la vulve qui baille et l'orifice du vagin qui s'ouvre. Elle peut, de ses mains, prendre le pénis, le placer et le pousser dans son ouverture, puis, faire des petits mouvements de haut en bas avec son bassin afin d'amorcer des petits coulissements du gland. C'est bon pour tous les deux : pour la femme dont l'entrée du vagin est sensible et le point G à guère plus de 4 centimètres ; et pour l'homme dont le gland est doucement caressé par les muqueuses vaginales. Bien souvent la verge, ravie de retrouver l'endroit du monde où elle se sent le mieux, et, soit dit entre nous, qui est fait pour elle, se dresse de bonheur. Les quelques mouvements de va-et-vient qui vont suivre vont confirmer sa résurrection. Et c'est reparti. À l'intérieur les sexes n'en finissent pas de se congratuler. À l'extérieur, les sourires qui épanouissent les visages valent plus que les plus belles phrases. Bien entendu, l'attitude de la femme lui vaudra la gratitude infinie de l'homme dont un souper aux chandelles et au champagne ne sera qu'un épisode ; quant à la femme, elle sera habitée de la fierté inégalée d'avoir sauvé un homme.

Si le miracle d'Andromaque ne s'était pas produit, il reste à la femme – à qui j'apprends qu'une verge à demi-molle peut quand même aller jusqu'à l'éjaculation – à poursuivre sa branle, combinée au baiser pénien. De quoi rendre sa bonne humeur à l'homme.

Enfin, quand rien n'a marché, la femme avertie peut tirer de sa manche deux atouts : un, l'érotisme anal, un doigt dans l'anus peut offrir des plaisirs valables, voire un orgasme. Et même déclencher une érection. Deux, le massage de la prostate : arme secrète de destruction massive de la mélancolie masculine, elle provoque des plaisirs rigolos et même des orgasmes. Il va de soi que tandis que la femme s'occupe de lui, l'homme se préoccupe d'elle et lui promet mille caresses pour après. Et au cas où l'érection n'aurait pas couronné ses admirables efforts, l'homme veillera à procurer à la femme un ou plusieurs orgasmes par d'autres façons : la grâce du clitoris ou l'intercession du point G, par exemple. Il peut aussi lui proposer de s'autocaresser et de s'envoyer par elle-même dans les cimes du bien-être. Ce qui d'ailleurs pourrait bien réveiller les ardeurs du pénis. La femme qui s'excite, c'est très excitant pour le mâle.

LES TRAITEMENTS DE L'IMPUISSANCE

Avant tout, l'homme doit dédramatiser la situation – d'autant que la dramatiser perpétue le trouble – et il le peut pour deux raisons : les femmes, mêmes les femmes « modernes », accordent plus d'importance à l'amour qu'à la pénétration. Alors qu'il se montre plus tendre et caressant que jamais au lieu de se morfondre et d'être désagréable.

Il y a une solution dans tous les cas. Qu'il n'hésite pas à consulter un sexologue ; plus vite il le fera, plus vite il sera guéri : c'est une illusion de croire que « ça s'arrangera tout seul ». Quant à se résigner à ne plus connaître les joies de l'érotisme, c'est une erreur car ces joies entretiennent notre vitalité psychique et physique.

Chapitre XI

L'ÉJACULATION

PRÉMATURÉE

Saliver à la vue d'un bon plat, sentir ses papilles gustatives s'impatienter et voir le plat vous passer sous le nez, dix fois, ça va, cent fois bonsoir les ébats. C'est pourtant le sort du malheureux atteint d'éjaculation prématurée et de sa compagne.

En soi, éjaculer vite n'est pas une maladie, c'est suivre son destin biologique. Le mâle a hérité de ses plus anciens ancêtres préhistoriques – ceux qui constituèrent le chaînon commun aux hominidés et aux singes supérieurs dits primates – un comportement sexuel expéditif : quand ils descendaient des arbres pour copuler dans une clairière, ils devaient faire vite car des prédateurs aux crocs acérés rodaient alentour ; aussi, ils exécutaient le rapport sexuel en 15 secondes et 12 mouvements de va-et-vient. Ce comportement, on l'observe toujours chez les chimpanzés dont 99 % du capital génétique est semblable au nôtre. Les éjaculateurs prématurés ne font rien d'autre qu'appliquer le programme sexuel masculin instauré à l'aube de l'humanité. De toute façon, ce que veut la nature, c'est que le mâle dépose sa semence dans le corps de la femelle. Et le plus vite sera le mieux. Qu'importe le plaisir de l'un ou de l'autre ; encore que le plaisir du mâle va l'inciter à semer sa graine, tandis que le plaisir de la femelle n'est d'aucune utilité dans la reproduction. Mais l'humain est humain justement parce qu'il a dépassé sa physiologie de base : il veut joindre l'agréable (j'allais dire l'inutile) à l'utile. Manger pour vivre ne lui suffit pas, il a inventé la gastronomie, coïter pour perpétuer l'espèce ne le comble pas, il a inventé l'érotisme.

Or, l'érotisme, ou art d'accroître les plaisirs, exige de prolonger la relation sexuelle. Pour l'homme, plus c'est long plus c'est bon, plus l'orgasme est fort. Pour la femme, la longueur est la condition sine qua non de son plaisir et de son extase ; contrairement à l'homme qui peut jouir en quelques minutes, la femme a besoin d'un long contact entre sa muqueuse vaginale et celle de la verge. L'éjaculation en un temps bref, autrement dit prématurée, ne lui permet pas d'épanouir sa sexualité.

DÉFINITION

Éjaculation prématurée, mais prématurée par rapport à qui, à quoi ? Par rapport au plaisir de l'homme ? Certes, la brièveté ne lui permet pas de ressentir l'optimum de volupté, mais il a le maximum donc ce n'est pas lui la référence. Par rapport au plaisir de la femme ? Assurément la brièveté ne l'autorise pas à atteindre ce summum de la jouissance, c'est-à-dire l'orgasme. Mais, qualifier de « prématurée » l'éjaculation qui survient avant l'orgasme de la femme serait imprécis étant donné que pour s'élancer dans le firmament, elle met de 15 à 45 minutes. Donc ce n'est pas elle non plus la référence. Alors, les sexologues, arbitrairement, sont convenus d'appeler « prématurée », toute éjaculation qui survient moins de 5 minutes après la pénétration.

L'éjaculation prématurée est la dysfonction la plus répandue chez l'homme. 25 % – un homme sur quatre – éjaculent avant les 5 minutes de référence.

Il y a ceux qui éjaculent avant la pénétration, à la porte de la vulve – « ante portam ». Il leur a suffi, après l'avoir vue se déshabiller, que la femme les frôle pour que jaillisse leur sperme ; c'est le cas de 1 % des hommes. Et il y a ceux qui éjaculent dans le sexe féminin après 30 secondes, 1 minute, 4 minutes de pénétration.

LES CONSÉQUENCES

Elles sont redoutables. L'homme rate la longue, la délicieuse, l'heureuse union avec la femme. La femme voit le gâteau lui passer sous le nez, plus frustrée encore que l'homme qui, lui au moins, a eu son orgasme.

À la longue, l'un et l'autre, mais surtout la femme, perdront l'envie même de se conjoindre. Lui se sentira « au-dessous de tout ». Elle, nourrira un ressentiment croissant pour ce partenaire décevant. Ils savent bien tous deux qu'un bon amant doit être capable de retenir son réflexe éjaculatoire pour faire durer son érection.

LES CAUSES

L'éjaculation prématurée survient fréquemment la première fois qu'un homme fait l'amour avec une femme aimée ou désirée. Le garçon, ou le jeune homme, est très ému, très excité et inexpérimenté. Il se laisse déborder par son désir et son excitation. En plus, il a l'habitude de faire vite : quand il se masturbe, il procède par de rapides mouvements car il est pressé de jouir de l'orgasme et il craint l'irruption des parents. Quand il fait l'amour, il n'a pas d'espace à lui, il le fait dans une voiture, au cinéma et vite pour ne pas être surpris. Et s'il va voir une prostituée, elle l'exécutera en moins de temps qu'il n'en faut pour se déshabiller.

Ensuite, dans le cours de sa vie, l'homme connaîtra d'autres « premières fois » ; à chaque nouvelle femme, c'est la même appréhension, il faut être à la hauteur : bander à fond, durer longtemps, trouver les bonnes caresses, réussir à la faire jouir. En tout cas, il faut être aussi bon, voire meilleur que les concurrents.

L'homme peut aussi être impressionné par la nature de la femme, qu'elle soit trop belle, trop sexy, supérieure, hostile ou dominatrice, elle lui fait perdre le contrôle de son réflexe éjaculatoire.

On le voit, c'est son anxiété qui trahit l'homme. C'est donc elle qu'il faudra apaiser.

Autre cause d'éjaculation prématurée : ne pas faire assez souvent l'amour. Tout se passe comme si le désir était tendu à l'extrême et les voies spermatiques remplies à déborder. Le jour où cet homme fait l'amour, le désir éclate et le sperme sous pression fuse.

TRAITEMENT DE L'ÉJACULATION PRÉMATURÉE

La femme a ici un grand rôle à jouer et elle en sera récompensée au centuple car enfin elle pourra accéder à l'orgasme par l'union.

Il est bon de connaître des petites astuces qui peuvent retarder l'éjaculation.

• Se masturber avant la pénétration : après une éjaculation, l'homme entre dans la phase réfractaire où une autre éjaculation est plus lente à venir. Cette masturbation, l'homme peut la faire seul ou avec sa femme.

• Enduire le gland d'une crème anesthésique (à base de benzocaïne) ou enfiler un préservatif enduit de ce produit : le gland à demi-endormi et ne sentant plus très bien les sensations voluptueuses ne se précipitera pas tête baissée dans le réflexe éjaculatoire.

Il faut surtout détendre l'anxiété de l'homme qui est pour beaucoup dans sa perte de maîtrise de l'éjaculation. Il existe un moyen simple de s'apaiser, c'est la respiration à quatre temps : inspirer profondément par le nez en gonflant l'abdomen, poussant l'air vers le bas, faire une pause, expirer par la bouche, faire un pause. Plusieurs mouvements respiratoires de ce type apportent un début de sérénité. On peut aussi recourir aux différentes techniques de relaxation, dont la sophrologie est la plus efficace. Si l'anxiété atteint des degrés plus élevés, il ne faudra pas hésiter à entreprendre une psychothérapie dans l'espoir d'extirper les racines du mal ou de le mettre à distance. Certains médecins prescrivent des anti-dépresseurs ; ils ne visent pas tant à détendre le sujet qu'à réduire sa libido et sa puissance érectile, ce que je trouve excessif et toxique.

Il existe des exercices spécialement destinés à contrôler l'éjaculation.

• Les exercices de Kegel consistant à renforcer le muscle pubo-coccygien dont nous savons qu'il croise l'urètre à sa sortie de la prostate. La contraction du pubo-coccygien stoppe le réflexe éjaculatoire. Comme nous l'avons déjà vu, en matière d'exercices de KEGEL les femmes sont expertes et pourront conseiller l'homme.

Il est possible pour l'homme comme pour la femme de repérer de l'intérieur le fonctionnement des muscles du périnée et spécialement du muscle pubo-coccygien et de s'amuser à les contracter, ce qui aura deux heureuses conséquences.

1) Pour l'homme et la femme d'accroître leur force de contraction, donc l'intensité de l'orgasme

2) Pour l'homme, d'acquérir une parfaite maîtrise de l'éjaculation en contractant ces muscles qui sont l'immanence de l'éjaculation, ce qui permettra à la femme d'atteindre l'extase. Nous y reviendrons.

Ces exercices sur les muscles du périnée s'appellent exercices de KEGEL. Comment repérer, identifier ce muscle ? Au cours d'une miction, amusez-vous à stopper le jet d'urine à plusieurs reprises : le muscle qui rend ce jeu possible c'est justement le pubo-coccygien ou P.C. Après plusieurs jets semblables, c'est-à-dire en dehors de la miction, votre conscience l'a identifié.

Il vous reste à entraîner, c'est-à-dire à renforcer ce muscle régulièrement. Pendant 15 jours, faites trois séries par jour de dix contractions d'une durée de deux secondes. Pendant les 15 jours suivants, faites trois séries quotidiennes de vingt contractions d'une durée de cinq secondes. Pendant les troisièmes 15 jours, les séries comprendront trente contractions de huit secondes.

Ensuite, vous pouvez adopter un régime de croisière de trente contractions de huit secondes, matin et soir, avec des pauses quand vous le désirez. Pendant les contractions, respirez profondément et maintenez les yeux ouverts.

• Les exercices « Stop and go », (arrêt-marche). Le but est d'apprendre à analyser ses sensations, à apprécier son degré d'excitation et à repérer le point de non-retour. Dans l'avant-orgasme, le sphincter externe strié de l'urètre est fermé, la sensation ressentie est exquise (pré-orgasme), mais la situation est contrôlable, à condition de cesser ses mouvements. Quand l'éjaculation se déclenche, le sphincter s'ouvre, la sensation est orgasmique et la situation n'est plus contrôlable quoi qu'on fasse.

Il y a deux variétés de « Stop and go ».

Stop and go avec masturbation

L'exercice consiste en une masturbation à interruptions effectuée par le sujet lui-même. Le déroulement est le suivant : se masturber, guetter le point d'imminence, s'arrêter juste avant l'instant de jouir, – point de non retour – laisser passer quelques secondes, reprendre la masturbation jusqu'à la prochaine imminence. Répéter plusieurs fois ce cycle. Si on dépasse le point de non-retour et que l'éjaculation se produit on aura au moins pu repérer comment ça se passe et comment ne pas aller trop loin la prochaine fois.

Il existe une variante : c'est la masturbation de l'homme par la femme. Ensemble, ils conviennent que l'homme signalera son arrivée au point d'imminence par un signe – par exemple une pression de la main sur la cuisse de la femme – et qu'alors la femme cessera instantanément ses mouvements.

Stop and go avec pénétration

Les amants adoptent la position d'Andromaque, femme à cheval sur le bassin de l'homme couché.

La femme insère le pénis dans son vagin. Dans un premier temps, ils restent ainsi sans bouger ni l'un ni l'autre, devisant calmement. Puis, elle sort le pénis et ils continuent de bavarder. Puis, elle réinsère le pénis, toujours sans bouger. C'est la séquence statique qui comprend trois ou quatre figures comme celles que nous venons de décrire. Ensuite la femme entreprend de faire quelques petits va-et-vient de son bassin sur le pénis, mais dès que l'homme sent ses sensations se faire plus aiguës – signe d'imminence – il le signale à la femme d'un geste convenu ; aussitôt, celle-ci sort le pénis de son vagin. C'est la séquence dynamique qui comprendra trois ou quatre figures. Ils pourront alterner séquences statiques et séquences dynamiques, le temps qu'il leur plaira. Il existe à cet exercice deux variantes.

Première variante : « avec squeezing »

L'exercice est le même complété par un « squeezing » ou compression : aussitôt sorti, le gland est comprimé par la femme entre le pouce et l'index (placé de chaque côté du gland), juste sous la couronne, jusqu'à ce que l'envie d'éjaculer soit passée. La pression doit être assez forte pour pincer l'urètre. Après quelques instants de repos, la femme réinsère le pénis dans son vagin et ainsi de suite.

Deuxième variante : avec traction des testicules

Même exercice complété par la traction des testicules. Quand le plaisir de l'homme arrive près de son pic, juste avant le point de non-retour, l'ensemble bourses-testicules remonte vers le périnée, nous l'avons vu (par contraction réflexe des muscles crémaster et dartos). Si à ce moment l'homme lui-même, ou sa compagne, empêche avec une main les testicules de remonter, l'éjaculation ne se produit pas.

Les exercices choisis sont à poursuivre pendant cinq à six semaines.

À l'issue des exercices, la femme et l'homme peuvent se sentir excités et en même temps frustrés. Il est important alors que l'homme offre à la femme des satisfactions : tendresse, baisers et caresses de toutes sortes, y compris du premier cycle : clitoris, point G, etc., jusqu'à l'orgasme.

Sans doute, aussi bien pour l'impuissance que pour l'éjaculation prématurée, le travail à faire – les caresses et les exercices – peut effrayer a priori l'homme comme la femme. En réalité, ce qui est à faire n'est pas compliqué et peut se faire sur un mode ludique.

Et puis, il y va du bonheur et de l'harmonie du couple. Le danger de ne rien faire ne réside pas seulement dans la persistance des insatisfactions qui condamnent les partenaires à une vie pénible, mais aussi dans la certitude qu'elles déboucheront sur des événements douloureux : conflits à répétition, dépressions, infidélités de compensation dont on ne peut prévoir l'évolution et, à l'extrême, séparation. Autant de malheurs qu'un peu de courage et d'amour pourraient éviter.

Chapitre XII

LA FLAMME DU DÉSIR

Votre mari n'a plus envie de faire l'amour ? En comprenant les lois du désir vous allez trouver le moyen de rallumer sa flamme.

Une statistique montre que, dans la première année de vie commune, les partenaires font l'amour 3 fois par semaine, la deuxième année 2 fois par semaine. Après 10 ans, c'est une fois par semaine. Après 30 ans, c'est une fois par mois. Ainsi, au début de la rencontre, les hommes sont tout feu tout flamme, puis, une fois mariés, ils chaussent des pantoufles de vieil amant. Il semble que les femmes soient moins paresseuses mais elles sont bien obligées de s'adapter au rythme de leur compagnon.

Il faut réagir, c'est sûr, car sans le désir, la relation perd de sa vivance, de son piment. La tendresse, c'est bien beau mais il y manque les palpitations et le souffle de la vie.

Les grandes lois du désir

Le désir pousse sur le manque

Un proverbe dit : « Vouloir nous ronge et pouvoir nous détruit. » Notre conjoint(e), quand nous ne vivions pas encore ensemble, quand nous étions « fiancés », nous avions toujours envie de le (la) voir, de le (la) serrer dans nos bras, de la caresser et, suprême bonheur, dont nous avions tellement rêvé, de faire l'amour avec lui (elle). Nous y pensions tout le jour, nous aspirions à finir notre travail pour le (la) rejoindre. Il en était de même pour lui (elle) ; dans les premiers temps de la vie commune, nous partagions la même ferveur. Penser que le soir venu nous allions nous retrouver et nous ébattre dans le lit nous remplissait de joie toute la journée.

Peu à peu l'enthousiasme a diminué. C'était toujours le bonheur mais sans la folie. Encore un peu de temps et sont arrivés des soirs où nous avons senti que notre fatigue et notre besoin de dormir étaient plus forts que notre envie de faire l'amour. Avoir cet homme (cette femme) sous la main, accessible et disponible jour et nuit, pouvoir s'offrir les joies de l'amour quand bon nous semblait, faire du plaisir une habitude, enlevait aux relations sexuelles de leur magie. Le désir s'est estompé et les relations sexuelles se sont espacées.

Mais un jour, votre conjoint(e) est parti(e) à Montréal pour un congrès. Comme le temps vous a paru long, la maison grande et le lit vide ! Et votre désir qui montait, vous agaçait, puis vous lancinait. Comment, vous êtes-vous dit, ai-je pu certains soirs me coucher auprès de cet être merveilleux et ne pas l'honorer ? Vivement qu'il (elle) revienne. Il (elle) est revenu(e). Vous êtes allé l'attendre à l'aéroport, vous l'avez étreint(e) à l'étouffer, vous l'avez embrassé(e) sauvagement. Dans la voiture, vos mains impatientes n'ont pu s'empêcher de palper des trésors charnels qui vous avaient échappés. À peine rentrés à la maison, vous l'avez entraîné(e) sur le lit où, en la déshabillant à peine, vous l'avez pris(e) sans plus attendre.

Vous venez d'expérimenter cette imparable loi de psychologie : « Nous ne désirons rien tant que ce que nous ne possédons pas, mais ce que nous avons nous nous en lassons. » Si l'être que l'on désire est à proximité et son accès possible et autorisé, le manque ressenti est nul et léger le désir. En revanche, si l'objet du désir est éloigné ou son accès impossible, interdit, le manque est profond et vif le désir. Mais que la personne se rapproche ou devienne accessible, le manque se réduit et le désir aussi. Le manque est bien constitutif du désir. À bon entendeur salut !

On le voit, il est bon dans un couple de cultiver le manque. Cela se fera naturellement si on choisit de sortir de la fusion et d'accorder à chacun une part d'autonomie. Dans la vie en couple, il faut distinguer la vie commune, ce que l'on fait ensemble (la sexualité, les enfants, la maison, certaines sorties, certains loisirs, les projets, etc.) et la vie personnelle : nous avons le droit de poursuivre nos recherches et nos activités artistiques, sociales, sportives, spirituelles, etc. C'est d'ailleurs bénéfique pour l'autre car les richesses acquises à l'extérieur l'enrichiront et nourriront la relation et les conversations. À l'autonomie il faut adjoindre une part de mystère : éviter d'être totalement transparent, d'être connu « par cœur », d'être prévisible, d'être formaté et banalisé. Pour cela, éviter de tout dire : ce que l'on fait, où l'on va, où l'on est allé – et de tout expliquer ou justifier.

Autonomie et mystère, voilà les deux secrets des couples heureux, qui ne s'ennuient jamais, qui ne s'usent pas. Or, ces attitudes créent naturellement des manques : ne pas tout faire ensemble, ne pas tout se dire génère des absences, des attentes, des interrogations, de la curiosité, de l'intérêt. Et quand on se quitte un jour, un week-end, une semaine, quel bonheur de se retrouver.

Le manque, on pourra aussi le créer en quittant de temps en temps le lit à deux places, pour dormir dans notre pièce personnelle. Car l'autonomie suppose que nous ayons non seulement un temps personnel, mais également un espace à soi, une pièce à soi. Le lit à deux places implique une coexistence où l'on a en permanence notre partenaire sous la main, où donc le manque est nul. En allant dans notre lieu personnel, faire ce que bon nous semble et en particulier y dormir, nous créons ce manque. Alors, quelle joie lorsque, poussé par une envie de câlins, nous nous glissons dans le lit commun et redécouvrons la peau comme neuve de notre aimée.

Restez une amante

Heureusement, toutes ces entraves au désir ne sont pas inéluctables. On peut être des parents et rester amants. Et ne pas entrer dans le jeu du maternage de son conjoint en même temps que des enfants. D'ailleurs, on peut se chérir devant les enfants, se regarder, se toucher, s'embrasser avec appétit, à condition de ne pas offenser la décence. C'est très bon pour l'équilibre des enfants : avoir des parents qui s'aiment et se désirent les sécurise et leur donne une référence pour plus tard ; sentir l'amour et le désir circuler réchauffe l'ambiance et libère les relations dans la famille.

On peut aussi ne pas s'appeler « papa » et « maman », mais s'appeler par son prénom, des petits noms ou des appellations amoureuses, souvent du reste empruntées au bestiaire romantique : mon lapin, mon poussin, mon loup… Et au lieu de dire aux enfants : « Demande à papa », pourquoi ne pas dire : « Demande à ton papa », ou « à Jacques, à Noah, etc. » Et faire garder les enfants par Papi, Mamie, la nounou non pas pour aller au cinéma, au restaurant avec des copains mais pour faire l'amour, organiser une soirée érotique avec lumières et musiques douces… Et ce sera à vous d'en prendre périodiquement l'initiative pour que l'image de l'amante dissipe celle, trop prégnante, de la maman.

LES CAUSES D'UNE BAISSE DU DÉSIR

Chemin faisant, nous en avons rencontré quelques-unes. Voyons les autres.

Les causes qui relèvent de l'homme lui-même

Les causes psychiques

• L'investissement excessif dans le travail : il peut détourner de la sexualité. « Mon mari n'a pas la tête à ça », dit l'épouse de tout homme qui se donne « à fond » dans son boulot. D'une part, son activité peut lui procurer un plaisir qui le comble ; d'autre part elle lui cause des tensions permanentes voire des stress, tensions qui sont tueurs de libido ; elle entraîne aussi surmenage et épuisement qui réduisent l'énergie libidinale.

• L'investissement excessif dans le sport : il peut apporter tellement d'euphorie par sécrétion diluvienne d'endomorphines que l'homme n'a plus besoin de faire l'amour pour trouver sa dose d'euphorie, autrement dit pour se shooter. C'est ainsi que l'on voit des drogués du jogging, préférer le dimanche matin les chemins frais des zones vertes aux bras chauds de leur femme. Et des drogués de surf préférer les ondulations des vagues aux rondeurs des filles qui les admirent depuis la plage. Nombre d'observations montrent que ces mâles sportifs ne sont pas des plus friands de corps-à-corps, ayant un autre moyen de se donner leur dose d'endomorphines.

• Les préoccupations et autres soucis : familiaux et professionnels, entre autres l'insécurité financière, le chômage.

• La dépression, quelles qu'en soient les causes. L'anaphrodisie est l'un des signes de la dépression.

Les causes médicales

De nombreuses expériences ont confirmé le rôle de l'hormone mâle dans le désir et l'activité sexuelle. Une enquête récente montre même qu'il existe une relation entre le taux de testostérone et la fréquence – ou le besoin – des orgasmes : quand le taux est élevé, les hommes obtiennent 11 orgasmes par semaine, quand il est normal, les hommes en obtiennent 3. Le déficit en testostérone atteint 1 homme sur 10. Le traitement d'un tel déficit consiste en la prise de gélules contenant l'hormone ; il n'est fondé que si le dosage dans le sang a prouvé le déficit. Prendre des gélules de testostérone dans l'espoir de devenir superman est inutile et dangereux : c'est risquer de favoriser un cancer ou un adénome de la prostate.

• L'insuffisance thyroïdienne : elle entraîne également une baisse du désir et de l'activité sexuelle. C'est aussi le cas de toute maladie qui, en fatiguant ou en déprimant l'homme, réduit sa libido : l'hypertension artérielle, les maladies de cœur, les affections douloureuses (arthrite, arthrose, sciatique, etc.)

• Certains médicaments affectent également la libido. Ils le font en agissant sur le cerveau ou en réduisant l'érection car, à force, l'asthénie érectile étiole le désir. Sont en cause : certains hypotenseurs, certains anticholestérol et surtout, nombre de psychotropes comme les anti dépresseurs (le Prozac, par exemple) et les neuroleptiques. En aidant l'érection par des substances sexo-actives (Viagra, etc.) on amorce un cercle vertueux : un soupçon de désir + un Viagra = une belle érection = une relance du désir.

• L'alcool a, à petites doses et sur l'instant, un effet aphrodisiaque (en réalité, par désinhibition). Mais, sur le long terme, il réduit la libido, diminuant la sécrétion de testostérone et détruisant tout le système érotique.

• Les aliments contenant des œstrogènes (hormones féminines) tels le poulet et le veau, pourraient abaisser la flamme du désir chez les mâles (et réduire leur taux de spermatozoïdes). Le soja, qui a également un effet œstrogène, pourrait avoir, pris en excès, un pouvoir féminisant.

Les causes qui relèvent de la femme-partenaire

La baisse du désir chez l'homme peut provenir de l'attitude ou de la qualité de sa partenaire.

Sont néfastes :

• Une partenaire peu intéressée par la sexualité par tempérament ou par névrose. Pas douée, pas demandeuse, pas réactive, elle finit pas désespérer le désir de l'homme.

• Une partenaire qui présente une pathologie sexuelle : anaphrodisie (manque de désir), dyspareunie (douleurs au cours de rapports), vaginisme ou anorgasmie, frigidité. Si elle n'accepte pas de se soigner, elle découragera finalement le plus désirant des amants.

• Une partenaire hostile, conflictuelle, dévalorisante, dominatrice, castratrice ou pire atteinte de troubles psychiques graves : dépression, paranoïa, schizophrénie…

• Une femme qui se néglige, qui ne fait aucun effort pour être séduisante ou pire qui est sale.

• Une femme atteinte d'une maladie grave qui soit l'empêche de pratiquer l'acte sexuel (douleurs, maladie du cœur, paralysie…) soit détériore gravement son aspect.

LES TRAITEMENTS DE LA BAISSE DU DÉSIR

Nous avons vu, au fur et à mesure que nous analysions les causes de la baisse du désir, les solutions que nous pouvions lui apporter ; il est sûr que les bonnes réponses sont celles qui sont adaptées à chaque cause. Toutefois, il existe des substances ou des moyens qui prétendent accroître le désir dans tous les cas. Autant les connaître.

Avant tout, il faut que le mâle soit « en pleine forme », qu'il songe donc à recharger son énergie : se reposer, prendre des vacances, se relaxer, se faire masser, suivre une bonne diététique, renoncer aux toxiques (drogue, alcool, tabac, sauf le vin raisonnablement), voilà le programme de base.

LES SUBSTANCES

Les substances médicales

• **La testostérone**
Son usage n'est légitime que si un dosage révèle un taux sanguin abaissé, sinon l'excès d'hormone créé peut aggraver ou même provoquer des pathologies de la prostate. Par contre, la prise de « zinc oligosol » est toujours bénéfique : cet oligoélément participe à la synthèse de la testostérone par les testicules et entre dans la composition du sperme. Enfin le massage des testicules peut favoriser la sécrétion de testostérone, pourquoi ne pas le pratiquer de façon régulière, avec douceur.

Les substances sexo-actives : « Viagra » et compagnie

Elles ne créent pas le désir, nous le savons, mais elles peuvent aider à sa renaissance : chez les hommes frappés d'impuissance, en restituant l'érection, elles restaurent la confiance en eux et l'envie de faire l'amour. Chez les autres hommes, elles peuvent réamorcer un cercle vertueux comme nous l'avons déjà exposé : un soupçon de désir + un Viagra = une belle érection = un désir plus grand.

Les substances traditionnelles aphrodisiaques

Les plantes : le ginseng, le gingembre, le bois bandé, la noix de cola, la noix vomique, la menthe poivrée.

Les aliments : le céleri, la truffe, les piments, les épices, les fruits de mer, les œufs.

Le champagne à petites doses.

Dans *Le traité des caresses* j'ai donné des menus aphrodisiaques pour soupers d'amoureux.

Les drogues

L'alcool, le cannabis, l'ecstasy ou encore les poppers peuvent avoir des effets euphorisants à petites doses. Mais, outre le danger que la consommation même occasionnelle de ces substances représente, des doses plus fortes provoquent l'effet inverse et diminuent l'appétit sexuel.

LES FILMS PORNOGRAPHIQUES

On les trouve en vidéo, en DVD, sur les sites Internet ou à la télévision.

Visionner un film porno ça excite, ça fait bander les hommes (et rarement mouiller les femmes), ça donne envie de faire l'amour et toute personne peut être bonne à assouvir cette envie. Ce n'est pas tout à fait ça relancer le désir : désirer c'est avoir spontanément envie d'être intime avec une personne précise, choisie. En vérité, ce que fait le porno, c'est juste réveiller sur l'instant la pulsion sexuelle, pas plus.

LA POÉSIE

La poésie est peut être ce qu'il y a de plus aphrodisiaque car elle crée le désir dans l'âme, là où il échappe à la chosification donc à l'usure, là où il ne peut être jeté après usage. Les âmes accompagnées de leur corps se conjuguent et leur désir est éternité. Le désir qui s'est habillé d'âme est impérissable. Son nom est amour.

LA CARESSE INTÉRIEURE

Dans la caresse intérieure, le désir loin de s'émousser, se régénère, même si on s'unit chaque jour, voire deux ou trois fois par jour. Le même phénomène s'observe dans l'érotique tantrique qui est proche de la caresse intérieure.

Chapitre XIII

LA PAROLE EST D'OR

Dans les premiers temps de la relation amoureuse on est tellement pleins d'amour et de désir qu'il n'y a rien à dire, on est heureux, que dis-je ivres, de tout ce qui arrive. Et puis on ne fait qu'un (c'est la fusion) et on se sent semblables (le mythe des âmes sœurs). Alors si des mots se disent ce sont des expressions spontanées inspirées par cette ivresse.

Mais, bien naturellement, au bout d'un certain temps, chaque membre du couple va recouvrer sa personnalité et redevenir une personne différente : différente quant à son sexe (et nous avons vu les dissymétries qui existaient entre la sexualité féminine et la sexualité masculine), différente quant à sa libido (l'un ayant beaucoup de désir, l'autre moins), différente quant à sa structure psychique, résultante de son éducation, de sa sensibilité, de sa sensualité, de ses névroses, de ses habitudes sexuelles, etc. Bref, ces deux mondes qui se sont rencontrés doivent se parler pour coopérer, s'ajuster, s'harmoniser sur tous les plans, y compris sexuel.

Bien sûr, l'amour et le désir ont jeté un pont sur le bras de mer qui sépare les deux îles faisant croire qu'il n'y avait pas de mésententes. Mais en raison des différences qui se révèlent peu à peu, les problèmes vont surgir. Il sera alors nécessaire d'établir un autre pont qui est la communication : se dire à l'autre et l'écouter pour faire comprendre les différences et aplanir les différends.

PARLER D'AMOUR ET DE SEXE

En matière de sexualité, la parole est vraiment d'or et le silence mortel. Or, c'est un domaine où traditionnellement on parle peu ou pas assez précisément ou pas assez profondément. Pourquoi ? Par pudeur, la honte jetée sur l'activité sexuelle depuis des siècles ayant imposé le silence. Par peur surtout : l'homme craint de se mettre en position d'infériorité par rapport à la femme qui sera libre de satisfaire son désir ou pas. Et en position de faiblesse car révéler un besoin revient à dévoiler sa sensibilité, sa fragilité. Quant à la femme, si elle n'ose « réclamer » c'est par peur de passer pour une femme de « mauvaise vie » ou par peur de vexer son partenaire qui pourrait interpréter la demande féminine comme un signe de sa propre incompétence.

Et puis il y a des croyances qui s'opposent au dialogue.

« Quand on s'aime, on n'a pas besoin de parler, on devine ce que souhaite l'autre, on se comprend sans mot dire… » À ce jeu de devinettes, on a plus à perdre qu'à gagner.

« Le bonheur sexuel va de soi, il nous est donné, il est d'emblée parfait. » C'est ignorer les fameuses différences entre les êtres, et ignorer la plus lente révélation de la sexualité de la femme qui l'amène à n'acquérir sa maturité érotique qu'après 5 ou 10 ans de pratique, le plus souvent.

Hélas, cette absence de dialogue va avoir des conséquences graves : elle rend impossible tout progrès dans la vie sexuelle. Or, celle-ci n'est jamais optimale dès le premier jour. Faute de paroles, elle s'enlise et s'use avec les conséquences que l'on sait : infidélité, rupture…

Heureusement la libération de la sexualité a commencé à délier les langues.

Mesdames, parlez de vos attentes insatisfaites : « J'aimerais recevoir telle caresse », pour qu'elles ne se transforment pas en frustrations délétères. Parlez de vos griefs : « Je te trouve trop rapide… », sinon, ils se transformeront en ressentiments rédhibitoires. Dans le silence non seulement le couple ne progresse pas, mais ses membres s'écartent et s'éloignent imperceptiblement l'un de l'autre et le couple se désagrège. Faute de partager ses aspirations, ses désirs, (certains) de ses fantasmes, la complicité disparaît. Faute de voir reconnus ses besoins, un sentiment de solitude apparaît en chacun. Parlez Mesdames…

… pour informer : indiquer vos goûts, faire savoir vos envies, demander telle caresse. « J'adore, confie un homme, quand une femme ose me dire ce qu'elle souhaite. » Inversement, de plus en plus d'hommes osent dire ce qu'ils aimeraient que la femme leur fasse, et les femmes s'en réjouissent.

... pour guider la main ou les mouvements de l'autre de façon à obtenir le meilleur plaisir possible. Chacun de nous est seul à connaître ce qui lui donne le plus de volupté, à savoir où se situent ses zones érogènes favorites.

... pour exprimer votre plaisir, ce qui a pour effet d'encourager votre partenaire et de l'exciter. « Ça m'excite un max quand ma partenaire manifeste sans réserve sa jouissance. » Et votre déplaisir, votre inconfort ou vos douleurs, bien entendu.

... pour remercier et féliciter. Vous obtiendrez davantage de progrès de votre aimant par des louanges. Le besoin de gratitude de l'homme ne relève pas d'un banal narcissisme, c'est un besoin de reconnaissance légitime ; et puis nous savons l'inquiétude de l'homme nouveau quant à ses capacités à satisfaire la femme nouvelle.

En conclusion, verbaliser ses attentes et son plaisir crée et renforce la complicité entre les aimés.

En choisissant les mots pour le dire

La façon de communiquer est importante. On peut tout dire mais pas n'importe comment, surtout dans le domaine très sensible de la sexualité. Retenez ces quelques conseils, ils vous seront précieux.

Utilisez des mots simples : « Oui, c'est bon », « J'aime quand tu me fais cela », « Plus doucement », « Plus fort », « Plus vite », « Moins vite », « Plus haut », « Plus bas », « Plus à droite », « Plus à gauche », « Encore », « Continue », « Arrête »… Que de plaisirs avortés que d'orgasmes ratés pour un mot qui n'a pas été dit ! « Si les femmes parlaient on se planterait moins souvent, dit un homme, et on serait moins souvent rejeté ». « Si les hommes nous disaient ce qu'ils aiment on ne serait pas dans le vide devant eux. » Pour beaucoup de femmes l'homme est un inconnu.

Utilisez des mots positifs : relevez les qualités, dites ce qui est bien et non ce qui est mal. Dites : « Quand tu as fait cela, c'était bon. » Mieux : indiquez comment mieux faire.

Proscrivez les mots négatifs et ne remettez pas sur le tapis un passé litigieux.

Utilisez des mots doux, tendres, chuchotés à l'oreille, des mots respectueux. Proscrivez les mots vulgaires, salaces. On a déjà dit pourquoi l'homme veut voir dans la femme jouissante une putain et non une madone : pour ne pas être inhibé par l'émotion, l'adoration, la fascination. Nous avons vu aussi qu'avec l'homme nouveau cette attitude n'était plus de saison.

Soyez claire et précise dans la formulation de vos désirs.

Respectez sa réponse même si elle est négative : un refus n'est pas un affront, c'est l'expression d'un désir non partagé encore.

En vérité, il faut appliquer au dialogue sexuel les règles générales, d'une bonne communication.

Savoir dire : utilisez le « je » et interdisez-vous le « tu ». Le « je » exprime votre souhait, votre désir, il informe votre partenaire ; le « tu » le juge, l'accuse et le dévalorise, ce qui ne l'incite pas à faire mieux et même le braque.

Savoir écouter : il est aussi important d'écouter que de parler, encore faut-il que vous entendiez et que vous teniez compte de ce que l'autre dit.

Conclusion

Vous voilà bien renseignée et plus apte encore à devenir une merveilleuse amante comblant son homme de bonheur. Pour qu'un équilibre parfait s'établisse avec celui-ci, il serait souhaitable que lui-même soit un bon amant également.

Est-ce important d'être de bons amants ? À quoi ça sert ? Premièrement à passer ensemble d'heureux moments et d'exquises heures ; le tiers de notre vie se passant au lit, autant ne pas s'y ennuyer. Deuxièmement, ça sert à éviter la routine justement ; c'est la routine sexuelle qui engendre l'usure du désir et l'usure du couple, usure qui a des conséquences douloureuses : l'infidélité par insatisfaction des partenaires, des conflits fréquents et, à la fin, la séparation. Troisièmement quand on s'entend bien sexuellement, quand on est complice et créatif dans la chambre à coucher, on s'entend bien aussi dans la vie ; on est de bonne humeur et plein de reconnaissance et de tendresse envers l'autre.

Du reste, il est écrit dans un célèbre traité d'érotisme sacré – L'ANANGRA-RANGA – : « La principale cause de la séparation des époux, celle qui jette le mari dans les bras de femmes étrangères et la femme dans ceux d'hommes étrangers, c'est l'absence de plaisirs variés et la monotonie... En variant les plaisirs de sa femme, le mari peut vivre avec elle comme avec trente-deux femmes différentes, lui procurant des jouissances toujours nouvelles qui rendent la satiété impossible. On peut en dire autant de la femme par rapport à son mari. »

Ajoutons qu'être épanouie sexuellement est gage de bonne santé. Les insatisfactions sexuelles entraînent nombre de troubles psychosomatiques. Combien de migraines, de crises vésiculaires, d'ulcères d'estomac, de colites, de troubles gynécologiques, de contractures douloureuses du cou ou du dos sont le fruit amer des frustrations sexuelles : caresses attendues vainement ou « expédiées », baisers automatiques, rapports sexuels rapides ou, pire, orgasme raté qui vous laisse déçue, tendue, triste. Inversement, un échange sexuel réussi, harmonieux apaise les tensions nerveuses, calme le cœur, régularise la pression artérielle et met d'humeur joyeuse.

Je ne puis terminer cet ouvrage sans vous dire que l'échange sexuel est plus qu'un plaisir, même s'il est le plus intense des plaisirs. Du reste lorsqu'on se contente de jouir, on ressent une sorte d'insatisfaction comme s'il manquait quelque chose. Ce qui manque, c'est le sens. Les orientaux avaient donné à l'érotisme son sens le plus haut. Pour eux, l'acte sexuel est vraiment quelque chose d'essentiel : le bonheur absolu qu'il nous offre, l'amour océanique où l'on baigne, cette impression de communier avec l'autre et avec la vie universelle fait de la relation sexuelle la plus dense, la plus heureuse et la plus lumineuse des relations qu'un être humain puisse connaître.

TABLE DES MATIÈRES

Sommaire...5

Avant-Propos...7

Introduction. Ce qu'ils attendent.....................9
Leurs rêves...11

Chapitre I. L'homme et les caresses.................15
L'homme aime-t-il les caresses ?.......................16
La peau, un tissu extraordinaire.......................17
Le besoin de stimulation cutanée 19
La caresse d'amour gratuite 20
La caresse de préliminaires................................21
Les caresses de postlude.....................................22

Chapitre II. Fabuleux itinéraires à travers la
        peau..25
Le bain..26
Ô visage radieux...29
L'amour en tête...31
Gros bras et fins plis..34
Réplique au poignet 35
Torses et tétons 37
Beau dos, large dos..40
Les hommes aussi ont des fesses 43
Les royaumes de la langue..................................47

Les oreilles..*47*
Les plis, c'est exquis *49*
Les plis derrière les genoux.................*50*
Les plis sous fesses................................*52*
Les plis des paupières............................*52*

Chapitre III. Les caresses alentour...................**53**
Ventre d'homme.......................................54
Pubis et cuisses de mâle..........................56
Les fameuses bourses...............................56
Les points secrets du périnée..................60
Le point H..62
Des fesses à l'astre..................................65

Chapitre IV. Le pénis : un chef-d'œuvre **67**
La hampe 68
La base 68
Le gland 69
Le prépuce 69
L'érection...70
Un système autonome..............................71
Qu'est-ce qui fait bander ? 72

Chapitre V. Comment caresser le pénis..........**75**
N'hésitez pas à l'admirer.........................75
Le clitoris de l'homme.............................77
La couronne du bonheur 79
Ainsi fut fait..82
Cours de branle..83
Précisions « techniques » ou le secret de l'art.....86

Chapitre VI. Le baiser pénien (ou fellation) .. 91
   Écoutons d'autres paroles d'hommes
   particulièrement édifiantes *92*
   Attention à ne pas faire mal *93*
   Les opinions positives *94*
   Les réserves *94*
   Les opinions négatives *95*
   Pourquoi les hommes raffolent-ils de la fellation ? . *95*
  L'art fellatoire à l'attention des femmes 97

Chapitre VII. Pénis et vagin :
  rencontre du 5ᵉ type 107
Les joies du coït, côté homme 108
Améliorer la relation pénis-vagin 111
   Travail commun de la femme et de l'homme .. *111*
   Travail de la femme *112*
La caresse intérieure 113
La maîtrise de l'éjaculation 118
La technique 120
Les avantages de la caresse intérieure 125
   Avantages pour l'homme *125*
Pour les deux partenaires 128
Pour la santé 130
Existe-t-il des variétés de caresses intérieures ... 131

Chapitre VIII. Positions et mouvements 133
Femme en dessous 134
   La position du missionnaire *134*
   Les positions jambes en l'air *136*
Femmes au-dessus 138
   La position d'Andromaque *138*
   Variantes d'Andromaque *140*

Femme à genoux..140
    La position de la lionne (dit vulgairement de la
    « levrette ») *140*
    La position en lotus....................................*142*
La position sur table 143
Mouvements libres..144
En guise d'introduction....................................146
Durée du coït 148
Jouir en même temps..150

Chapitre IX. Le septième ciel au masculin...153
    La phase d'excitation ascendante *153*
    Les réactions du corps...............................*161*
    Le vécu de l'orgasme *162*
    Chers orgasmes..*164*
    Le périnée : une lyre en délire......................*165*

Chapitre X. La panne d'érection :
    comprendre et aider l'homme................**167**
Ça n'arrive pas qu'aux autres..........................168
Les causes des pannes 169
Le rôle majeur des femmes...............................171
Les traitements de l'impuissance......................177

Chapitre X. L'éjaculation prématurée............179
Définition...180
Les conséquences 181
Les causes 182
Traitement de l'éjaculation prématurée 183
    Stop and go avec masturbation *186*
    Stop and go avec pénétration........................*186*

Chapitre XII. La flamme du désir.................**189**
Les grandes lois du désir 190
   Le désir pousse sur le manque.......................*190*
Restez une amante 193
Les causes d'une baisse du désir......................194
   Les causes qui relèvent de l'homme lui-même 194
   Les causes qui relèvent de la femme-partenaire...196
Les traitements de la baisse du désir 197
Les substances 198
   Les substances médicales............................*198*
   Les substances sexo-actives :
   « Viagra » et compagnie.............................*198*
   Les substances traditionnelles aphrodisiaques...199
   Les drogues..*199*
Les films pornographiques 199
La poésie...200
La caresse intérieure...200

Chapitre XIII. La parole est d'or...............**201**
Parler d'amour et de sexe 202
En choisissant les mots pour le dire.................204

Conclusion...**207**

La caresse de Vénus, Dr Gérard Leleu
Les rêves secrets du clitoris

Sa petite taille n'empêche pas le clitoris de jouer un rôle primordial dans la sexualité et l'équilibre psychique de la femme. C'est par le plaisir clitoridien que le vagin – « La Belle au Bois Dormant » – s'éveille et accède à l'orgasme. De leur côté, les hommes apprendront ici l'art de la caresse clitoridienne.

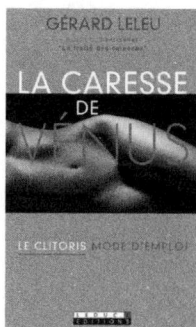

ISBN : 978-2-84899-279-2
11 x 17,8 cm – 256 pages
7 €

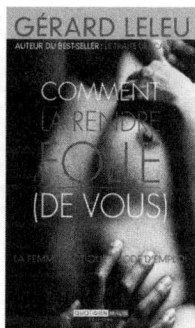

Comment la rendre folle (de vous),
Dr Gérard Leleu
Vous voulez être le meilleur amant qu'elle ait jamais connu? Découvrir les caresses qu'elle préfère, trouver son point G et connaître les positions érotiques qui la rendent folle?

Après *Comment le rendre fou (de vous)*, Gérard Leleu s'adresse aux hommes qui veulent (enfin !) connaître le mode d'emploi érotique de la femme. Il révèle toutes les caresses magiques qu'un homme doit maîtriser pour envoyer une femme (et toutes les femmes !) au 7e ciel !

ISBN : 978-2-84899-207-5
11 x 17,8 cm – 224 pages
6 €

Le guide des couples heureux,
Dr Gérard Leleu

Il n'appartient qu'à vous de faire triompher l'amour !

Les belles histoires commencent presque toujours par des moments très forts, euphoriques. C'est sûr, cette personne est faite pour vous. Et pourtant... au fil des mois ou des années, les sentiments, comme le désir, s'usent. Tout n'est pas perdu. Vous pouvez faire renaître l'amour et le faire perdurer à deux tout au long de votre vie.

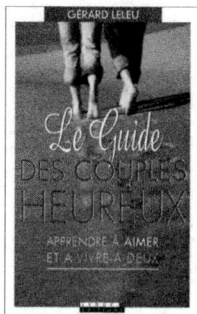

ISBN : 978-2-84899-425-3

14 x 21,5 cm – 224 pages

18,50 €

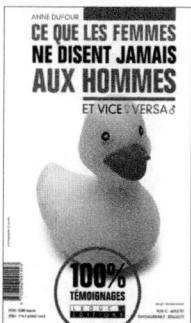

Ce que les hommes ne disent jamais aux femmes (et vice versa), Anne Dufour

Un livre 100 % sexe et 100 % témoignages

Quel garçon n'a jamais rêvé d'assister à un dîner de filles pour savoir ce qu'elles racontent sur les mecs ? Quelle femme n'a jamais souhaité être une petite souris et participer à une soirée entre hommes ? Un livre 100 % témoignages où vous apprendrez des choses surprenantes sur la sexualité des personnes de l'autre sexe. Grosses surprises au rendez-vous !

ISBN : 978-2-84899-144-3

11 x 17,8 cm – 192 pages

6 €

Vous voudriez recevoir notre catalogue par la Poste ? On vous l'enverra avec grand plaisir. Il vous suffit de photocopier, recopier ou découper ce formulaire et nous le retourner complété à :

Éditions Leduc.s, 17 rue du Regard, 75006 Paris

NOM : ....

PRÉNOM : ....

ADRESSE : ....

....

CODE POSTAL : ....

VILLE : .... PAYS : ....

Si vous souhaitez être tenu au courant de nos publications et de l'actualité de nos auteurs, et/ou recevoir notre catalogue au format PDF, complétez les champs ci-dessous :

E-MAIL : .... @ ....

Nous souhaiterions mieux vous connaître :

Quelle est votre ANNÉE DE NAISSANCE : ....

et votre PROFESSION : ....

Magasin dans lequel vous avez acheté *Comment le rendre fou (de vous)* :

....

Nous sommes à votre écoute : faites-nous part de toutes vos suggestions et votre avis sur le livre que vous venez de lire :

....

....

....

....

À .... LE ....

MERCI ET À BIENTÔT !

Vous pouvez aussi répondre au formulaire disponible sur Internet : **www.editionsleduc.com** ou prendre contact avec notre service client à **info@editionsleduc.com**.

Achevé d'imprimer par
BlackPrint CPI Ibérica S.L.
Sant Andreu de la Barca (08740)

Dépôt légal : août 2007